バスクの
おいしいバルレシピ

おうちで簡単に作れる
料理とデザート

*Deliciosas recetas
de bar vascas*

藤沢セリカ

マイナビ

はじめに

私が旅を始めたのは19歳のとき。当時の海外渡航は現在のように簡単ではなく、行き先によっては予防注射をしないと許可が下りないなど、前準備にかなりの時間が必要でした。やっと日本を飛び立っても、今のように飛行経路が整っていなかったので、各地で乗り換えが必要となり、目的地まで数十時間もかかったものです。

時間がかかる分、その国への想いは膨らみ、到着した時の感動はひとしお。

異国の風、匂い、風景、何もかもが新鮮で

ワクワクしながら一歩を踏み出す、そんな感覚は今でも変わりません。

中東、アジア、アフリカ、ヨーロッパ、アメリカ、そしてアイランドと色々な国と地域を旅してきましたが、どの国でも必ず行くのが厨房。それはレストランやカフェ、ドミトリーなどさまざまですが、その国の食文化を知る一番の場所は〝飲み屋〟だと思っています。

地元のお酒とそれに合う料理は、私にたくさんのインスピレーションを与えてくれました。さまざまな場所でおいしい料理とお酒を堪能

してきましたが、最高に、最適な場所がスペインバスクのサン・セバスティアンだったのです。

　行って帰ってくると、またすぐに行きたくなる。だから何度も足を運んでしまう不思議な場所。私は好きになったら何十回でもその地に通う、リピーターの料理オタクで、旅人なのです。

　この本では、バスクに行った気分になれるバルのピンチョスと冷たいタパス、温かいタパス、そして人気のデザートを簡単に作れるレシピを紹介していますので、ぜひホームパーティーなどにお役立てください。

　また、私の独断によるバスクへの行き方と、できるだけたくさん回ることができるバル巡りのセオリーも提案しますので、参考にしてくださると幸いです。

　ひとりでも多くの方が、人生の楽しみを見つけるための、旅人でありますように。

Celica Fujisawa

CONTENTS

注意

■材料に記した分量は大さじ1=15ml(cc)、小さじ1=5ml(cc)です。生クリーム、牛乳は低脂肪でないものを使用しています。卵はMサイズを使用しています。オリーブオイルはエキストラバージンオリーブオイルを使用しています。

■調理時間、温度、火加減は目安です。

★この本で紹介しているワインはスペインクラブ(P110)で購入することができます。

■この本で紹介しているワインは全てスペイン産で、リーズナブルな2000円〜3000円代です。

■商品及び、全てのものは2020年4月現在の情報です。

バルが軒を連ねる美食街
スペインバスクのサン・セバスティアン

　最近よく耳にする「バスク」という言葉。「バスチー」や「バスクチーズケーキ」など、スイーツの名前として知っている人も多いと思いますが、バスクとはバスク地方、フランスとスペインの間にまたがるようにある地域のことを指します。フランスバスク、スペインバスクとも呼ばれ、それぞれ特徴のある街並み、そして食を展開しています。中でも世界の食通から注目を浴びているのが、スペインバスクにあるサン・セバスティアンという街。

　青く澄んだカンタブリア海に面し、長く続く白い砂浜は、世界で最も美しいリゾートとして有名なラ・コンチャビーチ。夏になるとブルー＆ホワイトのストライプのカバナが並び、世界中から人々が訪れる避暑地です。

　そんなサン・セバスティアンの旧市街は、バルが100軒以上も建ち並ぶお酒好きの聖地。ミシュランの星付きの店も多く、会員制ですが美食倶楽部という美食家たちの集まる場所も多数あります。

　世界有数の美食の街として、食に関係している人はもちろんですが、最近ではグルメな一般の人も多く訪れる街になりました。そう、サン・セバスティアンにはおいしいものがたくさんあり、お酒とのペアリングが楽しめるスポットが数えきれないくらいあるのです。

　昼はビーチで遊び、夕方からバル巡りをする、そんな夢のような生活ができる土地に暮らす人たちは口ぐちに「すごく幸せ」と言います。仕事が忙しくても、疲れていても、つねに「幸せだから」と言葉にすることができる。サン・セバスティアンは本当に幸せな人たちが作り出した街だから訪れる私たちも幸せを感じる、そんなところなのかもしれません。

PART 1
カジュアルかわいい串刺しフィンガーフード
ピンチョス

バスクのおつまみといえば、代表的なものが
ピンチョス。ピンチョスとは北スペインのサ
ン・セバスティアンにあるバルが発祥で、複
数の食材を串で刺したフィンガーフードです。
ここでは、私がバスクのバルで実際に食べて
おいしいと思ったピンチョスを、日本にある
食材でアレンジしました。簡単に作ることが
できるレシピを紹介します。

シンプルでありながら
完成されている

バスクバルのピンチョスは
ここから始まりました

どこのバルにもあるヒルダは
ピンチョスの原形といわれているもの。
複数の食材を串で刺しているだけですが
その完成度はパーフェクトで
バスクのピンチョス文化の始まりはここから
といっても過言ではありません。
ヒルダというその名前の由来は
1946年に公開された白黒映画で
リタ・ヘイワースの代表作
『Gilda』からきているそうです。

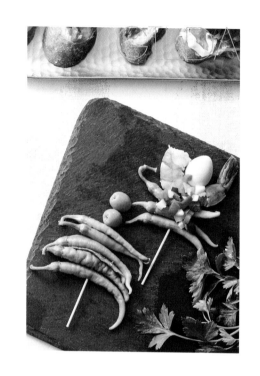

基本のヒルダはギンディージャ（青唐辛子の酢漬け）、
アンチョビ、グリーンオリーブの3食材からできて、
さわやかな酸味がチャコリや
スパークリングワインに合います。
ここではサン・セバスティアンでよく食べられている
アレンジバージョンも紹介します。

基本のヒルダ ※写真下

❋ 材料　1串分

ギンディージャ	
（青唐辛子の酢漬け）	5本
アンチョビ（フィレ）	1枚
グリーンオリーブ	2個

❋ 作り方

1. 串にギンディージャを2本刺し、アンチョビ、残りのギンディージャの順番に刺して、最後にグリーンオリーブを刺す。

ヒルダ＋シュリンプ ※写真中

❋ 材料　1串分

ギンディージャ	3本
エビ（茹でたもの）	1尾
ウズラの卵(茹でたもの)	1個
カラフルレリッシュ	
（P52参照）	小さじ1

❋ 作り方

1. 串にギンディージャを3本刺し、エビ1尾を刺して、最後にウズラの卵を刺す。
2. 皿にのせ、カラフルレリッシュをかける。

ヒルダ＋エッグ ※写真上

❋ 材料　1串分

ギンディージャ	3本
グリーンオリーブ	2個
茹で卵	1/2個
マヨネーズ	小さじ1

❋ 作り方

1. 串にギンディージャ、グリーンオリーブ、茹で卵の順番に刺し、卵黄部分にマヨネーズをのせる。

JAMÓN SERRANO DE QUESO

生ハム＋チーズの
定番ピンチョス

サン・セバスティアンのバルの多くは、イベリコ豚の生ハムが
骨付きの状態でカウンターの天井に吊るされています。
見た目だけでも圧巻ですが、その場で薄くスライスして食べる生ハムは
感動的なおいしさ！
バゲットを使用する多くのピンチョスにも、ベースに生ハムがのっています。

生ハム＋ブルーチーズ ※写真上

＊ 材料　1個分

バゲット（斜め切り）	1枚
生ハム（スライス）	1枚
ブルーチーズ	少々

＊ 作り方

1. バゲットに生ハムをのせ、
   上にブルーチーズを置く。

生ハム＋白カビチーズ ※写真中

＊ 材料　1個分

バゲット（斜め切り）	1枚
白カビチーズ	1枚
生ハム	適量

＊ 作り方

1. バゲットに白カビチーズを
   おき、生ハムを置き、串に
   巻きつけるようにのせる。

生ハム＋ハードチーズ ※写真下

＊ 材料　1個分

バゲット（斜め切り）	1枚
生ハム（スライス）	1枚
ハードチーズ（グラナパダーノなど）	少々
チャービル	少々

＊ 作り方

1. バゲットに生ハムをのせ、
   上にハードチーズを置き、
   チャービルを飾る。

ティレヌス・ティント（赤）

品種：メンシア
イチゴ、チェリーなどのアロマが
際立つ。果実のフレッシュさが心
地よい、調和のとれたなめらかな
口当たりです。

これも合います

バルバスール・ティント（赤）

ファン・デ・オロ・ブランコ（白）

BOQUERONES

アンチョビ＋レリッシュ＆ソースの アラカルト・ピンチョス

アンチョビはカタクチイワシの塩漬けで、
バスクではアンチョアと呼ばれています。
塩気が強いのでほんの少量でも十分ですが、
バルではカリカリに焼いたバゲットに1，2枚のっているのがポピュラー。
その上にソースをトッピングしているのでかなり濃い味。
少しずつかじりながらワインを飲むスタイルがツウだとか。

アンチョビ＋レリッシュ ※写真上

＊ 材料　1個分

バゲット（薄めの斜め切り）	1枚
アンチョビ（フィレ）	2枚
レッドレリッシュ（P52参照）	小さじ1
イタリアンパセリ	少々

＊ 作り方

1. バゲットをこんがり焼く。
2. バゲットにアンチョビをのせ、上にレッドレリッシュをかけて、イタリアンパセリを飾る。

アンチョビ＋カニソース ※写真下

＊ 材料　1個分

バゲット（薄めの斜め切り）	1枚
生クリーム	小さじ2
マヨネーズ	小さじ1
カニ肉（缶詰）	10g
アンチョビ（フィレ）	2枚
イタリアンパセリ	少々

＊ 作り方

1. バゲットをこんがり焼く。
2. ボウルに生クリームとマヨネーズを入れてよく混ぜ、カニ肉も加えて混ぜ合わせる。
3. バゲットにアンチョビを置き、上に2をかけ、イタリアンパセリを飾る。

PATÉ DE CANGREJO

カニのパテ＋魚介のピンチョス

カニのピンチョスもサン・セバスティアンのバルでは多く見かけます。
そのほとんどがマヨネーズで和えたものですが、
白身魚と合わせたパテ風のものもあります。
ここではクリームチーズを使用し、さわやかな風味に仕上げました。
トッピングするものは魚介が合いますが、そのままでもおいしいです。

カニのパテ

＊材料　ピンチョス8個分

クリームチーズ（室温に戻す）	80g
レモン汁	小さじ1/2
マヨネーズ	大さじ1
玉ねぎ（みじん切り）	1/8個
カニ（缶詰）	100g

＊作り方

1. ボウルにクリームチーズを入れ、クリーム状になるまで練る。
2. レモン汁とマヨネーズ、玉ねぎ、カニを入れてよく混ぜ合わせる。

カニのパテ＋サーモン
※写真左

＊材料　1個分

バゲット（斜め切り）	1枚
カニのパテ	大さじ2
スモークサーモン	1枚
チャービル	少々

＊作り方

1. バゲットをこんがり焼く。
2. 1にカニのパテを塗り、スモークサーモンをのせ、チャービルを飾る。

カニのパテ＋エビ
※写真右

＊材料　1個分

バゲット（斜め切り）	1枚
カニのパテ	大さじ2
エビ（茹でたもの）	1尾

＊作り方

1. バゲットをこんがり焼く。
2. 1にカニのパテを塗り、エビをのせ、串を刺す。

この料理にオススメ！

トレジョ・ブリュット
（白のスパークリングワイン）

品種：マカベオ、チャレッロ
　　　パレリャーダ
さわやかで酸がしっかりとした味わい。熟成感より葡萄のフレッシュさを追求したエレガントなスパークリングです。

RESERVA
TORELLÓ
BRUT
CORPINNAT

これも合います

タンタカ・チャコリ
（白、無発泡チャコリ）

トゥロウペ（白）

TROUPE

生ハム＋マッシュルームタワーの
チーズかけピンチョス

サン・セバスティアンで人気のピンチョスです。
肉厚のマッシュルームは噛むたびに
ジュワっとエキスが口いっぱいに広がり、
合わせた生ハムがさらにうまみを引き立てます。

＊ 材料　2 人分

バゲット（輪切り）	1 枚
生ハム	1 枚
ガーリックオイル（P34 参照）	小さじ 1
マッシュルーム	3 個
塩	少々
スライスチーズ	1 枚
エディブルフラワー	少々
イタリアンパセリ	少々

＊ 作り方

1. バゲットをこんがり焼く。

2. バゲットに生ハムをのせる。

3. フライパンにガーリックオイルを入れて中火にかけ、マッシュルームを軽く炒めて塩で味をととのえる。

4. 生ハムにマッシュルームを重ねてのせ、上にスライスチーズを被せて串で留める。

5. 4 を電子レンジ（600w）で 30 秒ほど加熱する。皿に盛り、エディブルフラワーとイタリアンパセリを飾る。

この料理にオススメ!

バルバスール・ティント（赤）
品種：カベルネ・ソーヴィニヨン
メルロー、シラー、ティン
ティージャ・デ・ロタ
ベリー、シトラス、イチジクの葉、
薫り高いハーブのアロマが重なり、
熟したジャムのような赤果実の味
わいと酸味が絶妙なバランスです。

これも合います

トレジョ・ブリュット
（白のスパークリングワイン）

ティレヌス・ティント（赤）

RATATOUILLE

ラタトゥイユベースのピンチョス

保存食としても重宝する
トマト煮込み料理のラタトゥイユは、
ピンチョスにすれば
おつまみとしてもおいしくいただけます。
ここでは、相性抜群のオイルサーディンと
スモークサーモンとの組み合わせを紹介します。

ラタトゥイユ

✳ 材料　（出来上がりは約 600g）

ガーリックオイル（P34 参照）	大さじ 1
玉ねぎ（粗みじん切り）	1/2 個
ナス（2cmの角切り）	2 本
ズッキーニ（2cmの角切り）	1 本
セロリ（2cmの角切り）	1/3 本
パプリカ（黄・赤、2cmの角切り）	1/2 個
トマト缶（ホール、潰す）	400g
コンソメ（顆粒）	小さじ 2
塩	少々

✳ 作り方

1. 鍋にガーリックオイルを入れて中火にかけ、玉ねぎを炒める。

2. 玉ねぎが透き通ってきたらナス、ズッキーニ、セロリ、パプリカを入れて1分ほど炒める。そこへトマト缶、コンソメを加えて弱火にし、蓋をして約20分煮込む。水分が足りない場合は水を 200ml（分量外）足す。

3. 時間が経ったら蓋を開けて混ぜ、塩で味をととのえる。

ラタトゥイユ＋オイルサーディン
※写真左

✳ 材料　1 個分

バゲット（斜め切り）	1 枚
ラタトゥイユ	大さじ 2
オイルサーディン	1 枚

✳ 作り方

1. バゲットをこんがり焼く。

2. 1 にラタトゥイユを敷き、上にオイルサーディンをのせ、串を刺す。

ラタトゥイユ＋サーモン
※写真右

✳ 材料　1 個分

バゲット（斜め切り）	1 枚
ラタトゥイユ	大さじ 2
スモークサーモン	1 枚
チャービル	少々

✳ 作り方

1. バゲットをこんがり焼く。

2. 1 にラタトゥイユを敷き、上にスモークサーモンを置き、チャービルを飾る。

レバーペースト＋
リンゴのコンフィチュールのピンチョス

レバーペーストは缶詰などでも販売されていますが、
手作りすれば濃厚な味わいが格別に。
そのままバゲットに塗るだけでもいいですが、レバーペーストには
甘いコンフィチュール（フルーツのジャム）との組み合わせが最高。
ここではリンゴから作りますが、市販のコンフィチュールでも十分楽しめます。

レバーペースト

✳ 材料　ピンチョス 10 個分

鶏レバー	200g
塩、白ショウ	少々
小麦粉	大さじ 1/2
ガーリックオイル（P34 参照）	大さじ 1
玉ねぎ　（薄切り）	1/4 個
ローリエ	1 枚
赤ワイン	50cc
生クリーム	100cc
バター	20g
塩	小さじ 1/2
オリーブオイル	50ml

リンゴのコンフィチュール

✳ 材料　ピンチョス 10 個分

リンゴ（皮のまま粗みじん切り）	1 個
レモン汁	大さじ 1
砂糖	150g
白ワイン	100ml
シナモン（ホール）	1 本
カルダモン（ホール）	3 粒
バゲット（斜め切り）	10 枚

✳ 作り方

1. 鶏レバーは流水に 5 分ほどさらしてよく水気をきる。筋や血管を除きながら一口大に切り、塩、白コショウをふり、小麦粉をまぶす。

2. フライパンにガーリックオイルを入れて中火にかけ、玉ねぎ、ローリエを加えて炒める。玉ねぎが透き通ってきたら鶏レバーを入れて木ベラで潰すように炒め、しっかりと火を通す。

3. 2 に赤ワインを加えて水分がほとんどなくなるまで煮詰め、生クリーム、バター、塩を加えたら弱火にしてさらに煮詰める。水分が 1/2 ほどになったら火から下ろし、ローリエを取り除いて冷ます。

4. 粗熱が取れたらフードプロセッサーに入れ、オリーブオイルを加えてまわし、ペースト状にする。

5. リンゴのコンフィチュールを作る。材料を全て鍋に入れて中火にかける。

6. 混ぜながら煮詰め、水っぽさがなくなり、全体がねっとりしたら火から下ろし、シナモンとカルダモンを取り除き、冷ます。

7. バゲットをこんがり焼き、レバーペーストを塗り、上にリンゴのコンフィチュールをのせ、串を刺す。

FRITA DE CALABACÍN

生ハム＋ズッキーニフリットの ピンチョス

衣はサクサク、中はジューシーな食感が楽しめるズッキーニのフリット。
そのままでもおいしいのですが、うまみのある生ハムと
酸味が効いたレリッシュを組み合わせたピンチョスにしました。
このメニューはサン・セバスティアンの旧市街入口付近にある
老舗バルの人気メニューです。

✳ 材料 2 個分

衣（作りやすい分量）

卵白	1 個分
卵黄	1 個分
オリーブオイル	大さじ 1
塩	少々
ビール（炭酸水でも OK）	80ml
小麦粉	80g

ズッキーニ

（1cm 幅で斜め切りにしたもの）	4 枚
小麦粉	大さじ 1
揚げ用油（サラダ油）	500ml
バゲット（輪切り）	2 個
グリーンレリッシュ（P52 参照）	大さじ 2
生ハム	2 枚
エディブルフラワー	少々
チャービル	少々

✳ 作り方

1. ボウルに卵白を入れて角が立つまでホイップする。

2. 別のボウルに卵黄、オリーブオイル、塩、ビールを入れてよく混ぜ合わせてから小麦粉を加えて混ぜる。

3. 2 に 1 を入れてサックリ混ぜ合わせ衣を作る。

4. ズッキーニに小麦粉を絡め、3 の衣にくぐらせて 180℃に温めた揚げ用油に入れる。

5. キツネ色になるまで揚げ、取り出して油をきる。

6. バゲットをこんがり焼く。

7. 焼いたバゲットにグリーンレリッシュ、生ハムの順番におき、上にズッキーニのフリットをのせて串をさす。上にエディブルフラワーとチャービルを飾る。

POINT
そのままで食べてもおいしいズッキーニですが、フリットにするとさらにうまみがアップします。サクっとさせるコツは卵白をしっかり泡立てることと、ビールを使用することです。

QUESO Y MANGO

生ハム＋チーズ＋
トロピカルマンゴーのピンチョス

バスクではシェーブルという山羊乳を使って作られたチーズが多く食べられています。
シェーブルは、もっとも古くからあるチーズで種類も豊富。
少しクセがあり匂いも強いのですが、甘いジャムやフルーツと相性抜群です。
このメニューは、スペインバスクの玄関口ともいえる都市ビルバオのバル「グレ・トキ」で、
あまりのかわいさに一目惚れしたピンチョスを再現しました。

✳ 材料　1個分

バゲット（斜め切り）	1枚
生ハム	1枚
リンゴのコンフィチュール（P20参照）	小さじ2
シェーブルタイプのチーズ（1cm 幅に切ったもの）	2枚
マンゴー（薄切り）	1枚
エディブルフラワー	1輪
チャービル	少々
クルミ	1粒
オリーブオイル	少々

✳ 作り方

1. バゲットをこんがり焼く。

2. バゲットの上に生ハム、リンゴのコンフィチュールをのせる。

3. 2にチーズを2枚のせ、マンゴーを被せて串を刺し、エディブルフラワーとチャービルを飾る。

4. クルミをちぎってちらし、オリーブオイルを回しかける。

※シェーブルタイプのチーズが苦手な人や手に入らない場合は、好みのチーズでも代用できます。

この料理にオススメ！

トレジョ・ブリュット
（白のスパークリングワイン）

品種：マカベオ、チャレッロ
　　　パレリャーダ
さわやかで酸味がしっかりとした味わい。熟成感より葡萄のフレッシュさを追求したエレガントなスパークリングです。

これも合います

マンテル・ソーヴィニヨン・ブラン（白）

タルダナ・デ・エステナス・ブランコ（白）

FRITA DE BACALAO

塩タラのフリット＋
レリッシュのピンチョス

塩漬けのタラを干したものをバカラオといいます。
バスクでは色々な料理に使われている食材ですが、
日本ではめったに手に入らないので塩タラで再現しました。
骨なしの切り身を使えば安心してかぶりつくことができます。
そのまま食べてもサクサクしておいしいのに、
あえて重ねてピンチョスにするところがバスク流です。

✳ 材料　1個分

衣（作りやすい分量）

卵白	1個分
卵黄	1個分
オリーブオイル	大さじ1
塩	少々
ビール（炭酸水でもOK）	60ml
小麦粉	80g

塩タラ（切り身、2等分する）	1枚
小麦粉	大さじ1
揚げ用油（サラダ油）	500ml
バゲット（輪切り）	1個
好みのレリッシュ(P52 参照)	各小さじ1

✳ 作り方

1. ボウルに卵白を入れて角が立つまでホイップする。

2. 別のボウルに卵黄、オリーブオイル、塩、ビールを入れてよく混ぜ合わせてから小麦粉を加えて混ぜる。

3. 2に1を入れてサックリ混ぜ合わせ衣を作る。

4. キッチンペーパーなどで水気をふきとった塩タラに小麦粉を絡め、3の衣にくぐらせて180℃に温めた揚げ用油に入れる。

5. キツネ色になるまで揚げ、取り出して油をきる。バゲットをこんがり焼く。

6. 焼いたバゲットにタラのフリットを重ねて置き、串を刺して好みのレリッシュをのせる。

この料理にオススメ！

ファン・デ・オロ・ブランコ（白）

品種：シャルドネ
グレープフルーツやレモンなど柑橘系のアロマと豊かな果実味に合わせたスモーキーな樽香。熟した甘いアロマで濃厚な味わいです。

これも合います

トゥロウペ（白）

タンタカ・チャコリ（白、無発泡チャコリ）

ピンチョスになる材料

現在のピンチョスと呼ばれているものは、サン・セバスティアンにあるお店「バル・ベルガラ」で1980年代に創作料理として生まれたものだそうです。ピンチョスの定義は食材を組み合わせて串に刺す、バゲットに食材をのせる、というスタイル。ここではピンチョスに向いている食材を紹介します。

1 シュリンプ

エビは大きめのものをチョイスし、背ワタを取ってから殻ごと茹でます。調理するときに殻をむけば、水っぽくならずに色もきれいなまま。沸騰したお湯に入れて5秒したら火を止め、蓋をして20分ほど蒸らせばOK。

2 生ハム

生ハムの代表的なものは、イタリア産のプロシュット・ディ・パルマと、スペイン産のハモン・セラーノ。そしてサン・セバスティアンのバルで多く食べられているのがイベリコ豚の後ろ脚から作られるハモン・イベリコです。

3 スモークサーモン

脂ののったキングサーモンを塩漬けにし、燻製にしたもの。サラダやマリネなどの冷製に使用することが多く、味も塩味が効いているので、プラスする調味料は少なめでOK。鮮やかなオレンジ色なので、オシャレにピンチョスを演出してくれます。

4 アンチョビ

強い塩気がどんなお酒にも合うアンチョビ。炒め物や煮物の味付けなどにも使われますが、そのまま野菜と和えたり、クラッカーにのせたりしてもおいしい。ピンチョスには欠かせない存在で、バスクにはアンチョビピンチョスの専門店もあります。

5 オイルサーディン

イワシのオイル漬け。骨まで軟らかく加工された缶詰などが、そのまま使えて便利。ピンチョスにする場合、ピクルスのような酸味のある野菜と合わせると白ワインにぴったりです。

6 茹で卵

半分に切ると白身と黄身のコントラストがかわいい食材。ピンチョスにする場合は寝かせて串に刺すか、切り口を上向きにして土台的に置きます。味付けはあらかじめしておくか、水分の少ないソースを。

7 うずらの卵

淡白な味なので、酸味の強いものや塩味の強いものと組み合わせます。大きさがピンチョスには最適。色々な食材を刺す途中に入れたり、一番上にのせてもバランスがきれい。紅生姜など色のある汁に漬けて、色付けとして使うことも。

8 マッシュルーム

バスクでは大きめのマッシュルームを串に刺し、ただ塩をふって焼いたものも人気。生のままでも食べられますが、オススメはガーリックオイルで軽く炒めてから他の具材と一緒に刺すピンチョス。

9 フリット

バルにはタラやイカ、野菜のフリットなどの揚げ物メニューも多くあります。そのまま温かい料理として食べる場合が多いのですが、ピンチョスになっているものもあり、その場合はリクエストすれば温め直してくれます。

10 ズッキーニ

焼いたり揚げたり煮たり、色々な調理方法で味わうことができる野菜。やわらかくなり過ぎると串に刺しにくいので、ピンチョスにする場合はフリットがオススメ。生ハムやアンチョビと合わせると味のバランスがととのいます。

11 チーズ

ブルー、白カビ、ハードなど、あらゆるタイプのチーズがピンチョスになります。生ハムやアンチョビともよく組み合わされていますが、かなり塩味が強いので、少しずつかじりながらワインを飲むのがベストです。

12 オリーブ

オリーブだけのピンチョスも、おうちバルならOK。グリーンオリーブはブラックオリーブに比べて塩味が強く味も濃いので、合わせる食材はなるべく淡白な方がバランスよく、おいしく食べられます。

13 レバーペースト

作り置きができて冷凍もOK。普段使いのスプレットとしても使い勝手のよいレバーペースト。これさえあればピンチョスの味に変化をつけたいときに重宝します。たくさん作ってストックしましょう。

14 グリーンレリッシュ

ピーマンやきゅうりなどの緑色の野菜をベースにした酢漬け。まったりした味に変化をつけたいときや、こってり系のフリットなどに合わせると、さっぱりとした味に変身します。

15 カラフルレリッシュ

赤パプリカ、黄パプリカ、きゅうりなどのカラフルな野菜を使った酢漬け。色とりどりで鮮やかビジュアルは、料理のアクセントや飾りにもなります。

16 レッドレリッシュ

赤パプリカとドライトマトを中心にした赤い酢漬け。野菜を多く使ったグリーン系のピンチョスやアンチョビなどのブラウン系のピンチョスに合わせるのがオススメです。

ピンチョスの
組み立て方

ピンチョス作りの楽しさは、複数の食材を組み合わせて見た目をきれいに、そして驚きの味を生み出すことです。とはいえ、せっかくきれいに作っても運ぶときに崩れてしまっては台無し。ここでは、おいしさと安定感を両立させるピンチョスの組み立て方を提案します。

Point
ピンチョスの組み立て方の基本は、平らで大きいものから重ねること。通常、バゲットを土台にし、その上にペーストや味の濃い食材をのせ、重ねやすいものから徐々にのせていきます。最後は見栄えが良くなるような食材を置いて完成です。

縦にも横にも大きく、ゴージャスに見せるピンチョス

シュリンプ
寝かせる場合もありますが、尾を上にして立てて串に刺せば、迫力のある立体的なピンチョスになります。

マッシュルーム
丸のままで使用することが多いですが、断面がかわいいので半分に切るのもアリ。あらかじめ味付けしておきます。

ズッキーニ
硬さを残した調理のものは、立てても作れますが、その場合は厚切りにすること。寝せても食感は楽しめます。

茹で卵
横からでも上から見てもアクセントになります。横にして重ねる場合は、白身の底をほんの少し切っておくとすわりがよくなります。

生ハム
味の決め手ともなる生ハムは、大きいままだと上手く噛みきれない場合があるので、食べやすい大きさにちぎってのせます。

葉
彩りを良くするためには緑色の葉物も必要です。レタスもいいですが、色の濃いベビーリーフがオススメです。

串
刺す材料によりますが、長めの串なら用途が広いのでオススメです。レパートリーもぐんとアップ。

バゲット
横にも大きく見せたい場合は、バゲットを斜めに切ります。厚さはお好みですが、1.5cmくらいが食べやすい大きさです。

コンパクトに見せる
縦にポイントを置くピンチョス

オリーブ
ピンチョス食材の中で最も小さいものといえばオリーブ。色々な食材をのせた最後に刺します。種なしを選びましょう。

うずらの卵
ひと口サイズの卵はピンチョスに重宝します。ただし、そのままだと味が薄いので、味の濃い食材と挟むと良いでしょう。

チーズ
ピンチョスの味を引き締める役目となるのがチーズ。ハードタイプならそのまま、やわらかいものは他の食材に塗ります。

フリット
意外ですが、フリットはピンチョスに合います。フリット自体、他の食材と一緒に食べることはあまりないので新しい味です。

葉
彩りのために緑の葉は必要です。ここではベビーリーフを使用していますが、スプラウト系なども合います。

スモークサーモン
サーモンはピンチョスに必須です。スモークでなくても刺身用のサーモンなら厚めに切って塩をふってのせるとおいしいです。

バゲット
立体的でコンパクトにまとめたい場合は、輪切りにします。この場合は少し厚みがある方が安定するので2〜3cmがベストです。

ベースになるバゲット

バゲット自体に味をつけるのもテクニックです。レリッシュやパテ、ペーストなどを置いてから食材を重ねれば、他の食材には濃い味をつけなくてすみます。

カラフルレリッシュ
低く組み立てるときに、色味を足す感覚で置くとキレイなピンチョスができます。

グリーンレリッシュ
フリットなどの油ものを組み立てるときに置くと、あと味がさっぱりします。

ラタトゥイユ
バゲットをしっとりさせる効果もあり、酸味と甘みをプラスすることができます。

レバーペースト
これひとつで濃厚な味付けになるので、重ねる食材は1種類でもOKです。

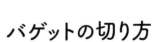

カニのパテ
カニのパテは魚介類のトッピングが合います。エビやサーモンなどを引き立てます。

バゲットの切り方

バゲットは、のせる具材や見せ方によって切り方を変えます。主に斜め切りか輪切りで、厚みは薄い方が食べやすいのでオススメです。

ピンチョスが映える!!
盛り付け&手作りピック

串を刺すことで立体的に見えるピンチョスは、盛り付け次第で華やかさが激変!
ここではおもてなしで活躍する器やピックのアレンジ方法を紹介します。

↑フラットなカッティング
ボードやウッドプレートは、
ピンチョスなどのおつまみ
を盛り付けるのに最適です。
バゲットを土台にしている
ものはそのまま、マリネな
どの汁がある料理はレンゲ
やミニ器に入れて、ボード
の上に置きます。同じ高さ
や大きさのものを並べるよ
りも、高いものと低いもの
を交互に置く方が、メリハ
リが出て華やぎます。

おつまみには、こんなミニ食器があると
盛り付けに便利

小さなグラス。冷製スー
プやムースなどの冷やし
てもおいしいおつまみを
一口分だけ盛り付けます。

涙形の小鉢。和え物や練り物
を入れると映えます。その場
合、アクセントになる薬味な
どをトッピングします。

深めの小鉢。串を刺
したカラマリやマッ
シュルームなど、ひ
と口で食べられるも
のを盛り付けます。

レンゲ。レストランでも前菜
で活躍するレンゲは、アンチョ
ビやレリッシュなどを使う汁
のあるものを盛り付けます。

手作りピックの作り方

切って貼るだけのものから、ハサミを使ったもの、オシャレなリボンを結ぶタイプまで。手持ちの串があれば、クラフトが得意じゃなくても簡単に作れる手作りピックを紹介します。

切って貼るだけの超簡単フラッグ

マスキングテープのフラッグ
材料　2本分
好みのマスキングテープ
10cm
串　2本

柄の見せ方を考えて、マスキングテープを5cm切る。

マスキングテープの中央に串を置き、挟むようにテープを留める。

和紙のフラッグ
材料　2本分
好みの和紙
（6cmの正方形）1枚
のり　少々
串　2本

好みの和紙を3cm幅ほどに切る。

切った和紙の裏側、中央から端にのりを塗る。

和紙の中央に串の頭部分を、和紙より出ないように挟み、のり付けする。

旗の部分を斜めに切り落す。

ハサミを使った紙飾り

チャップ花
材料　2本分
好みの紙
（6cmの正方形）2枚
両面テープ（6cm）2枚
串　2本

好みの紙を半分に折り、片面に両面テープを貼ってくっ付ける。

下2/3残した状態で、折り曲げて輪になっている方を一定の間隔をあけて縦に切込みを入れる。

切込みを入れていない下の部分に両面テープを貼る。

両面テープの上に串を置き、クルクルと巻く。

リボンを使った飾り

リボンピック
材料　2本分
好みのリボン（15cm）2本
両面テープ（2cm）2枚
串　2本

串の頭部分、リボンをつけたいところに両面テープを貼る。

リボンを15cmほどの長さに切り、半分に折った中央に両面テープを貼った串を置き、クルッと一周させる。

好みの大きさに蝶々結びをする。

余分なリボンを切り落とす。

いつもの料理をワンランクアップさせる
風味豊かな魔法のオイル

バスクのバル料理にはもちろん、どんな料理でも活躍するガーリックオイルは、作り置きしておくと重宝します。炒め物やパスタ料理などにはそのままニンニクごと入れて使い、サラダやカルパッチョには上澄みのオイルだけを使用したりと使い方はさまざま。弱火でしっかり火を通すので、ニンニクの辛みが消えて香りだけが残ります。ほんの少量使うだけでもプロっぽい味が演出できるので、ぜひ作ってみてください。

❋ **材料（作りやすい分量）**

ニンニク	1玉
オリーブオイル	400ml

1 ニンニクは皮をむいて芯を取り、みじん切りにする。

2 小鍋、または小さめのフライパンに1とオリーブオイルを入れて弱火にかける。

3 ニンニクを焦がさないように弱火のまま加熱する。

4 ニンニクがキツネ色に色付き始めたら火から下ろして冷ます。

5 冷めたらビンや器に入れて冷蔵庫で保存する。

PART 2

おいしいバル街・極上の小皿料理
冷たいタパス

バルにはピンチョスの他にも、オーダーすれば食べられる冷たいタパスがあります。タパスとは「タパ＝小さいお皿」という意味で、小皿に盛られた料理のこと。冷たいタパスはマリネなどが中心ですが、ムースやカルパッチョといった看板メニューもあります。ここでは私のお気に入りバルの看板メニューをレシピにしました。

トマトとブッラータ風チーズのサラダ

ブッラータはナイフを入れると
中からトロッとクリームが流れ出る、見た目も麗しいチーズ。
日本では手に入りづらいので、似た食感のモッツァレラチーズで作ります。
バスクでは、チョコレートトマトという品種の
皮が硬くしっかりした果肉のトマトと合わせたサラダが定番。
シンプルに塩、コショウ、オリーブオイルでいただきます。

✳ 材料　2人分

モッツァレラチーズ 1
（漬け汁も使用するので捨てない）　1個(100g)
モッツァレラチーズ 2
（中に入れる用、千切り）　　　　　　　20g
生クリーム　　　　　　　　　　　小さじ 2
レモン汁　　　　　　　　　　　　　　2滴
トマト（乱切り）　　　　　　　　　　2個
スプラウト　　　　　　　　　　　　　少々
塩、黒コショウ　　　　　　　　　　　少々
オリーブオイル　　　　　　　　　　　適量

Point
モッツァレラチーズの味は淡白なので、どんな
味付けにも合いますが、酸味があるトマトと
一緒に食べるなら、ビネガーなどはあえてか
けずに塩、コショウ、オリーブオイルだけがオ
ススメです！

✳ 作り方

1. モッツァレラチーズ 1 を漬け汁ごと耐熱容器に入れ、一旦モッツァレラチーズだけを取り出し、切り落とさないように注意しながら十字に切込みを入れ、漬け汁に戻す。

2. 1 にラップをかけ、電子レンジ（600w）で 1 分〜1 分 30 秒加熱する。

3. 別のボウルにモッツァレラチーズ 2 の千切りと生クリーム、レモン汁を入れて混ぜ合わせる。

4. 茶碗などにラップを敷き、上に加熱したモッツァレラチーズ 1 を置く。切り込みを入れた部分を広げ、3 を中に入れて包む。そのままラップでしっかり包み、冷蔵庫で 10 分ほど冷やす。

5. 皿に広げるようにトマトを盛る。

6. 4 のラップを取り、モッツアレラチーズをトマトの中央に置く。スプラウトをちらして塩、黒コショウをふり、オリーブオイルをたっぷりかける。

シュリンプのジンジャーサラダ

ビスケー湾に面する小さな港町ゲタリアの
星付きレストランで出会った、
ロブスターを丸々一尾使って作る贅沢なサラダ。
ここでは大きめのエビを使って再現しました。
ジンジャーがほんのり香るソースは、どこかオリエンタル。
シンプルだけど複雑な味に感じる理由は、
エディブルフラワーをあしらった
かわいらしい盛り付けが効果を発揮しているのかも。

✳ 材料　2人分

エビ（大きめ、茹でたもの）	5尾
セロリ（薄切り）	1/3本
塩	少々
マヨネーズ	大さじ1
生姜の搾り汁	大さじ1
レモン汁	小さじ1
オリーブオイル	大さじ1
エディブルフラワー	少々
チャービル	少々

✳ 作り方

1. エビは殻をむき、背ワタを取って食べやすい大きさに切る。

2. セロリに塩少々をふり、揉んで水気をきる。

3. ボウルにマヨネーズ、生姜の搾り汁、レモン汁、オリーブオイルを入れて混ぜ、エビとセロリも加えて混ぜ合わせる。

4. 皿に盛り、エディブルフラワーとチャービルを飾る。

この料理にオススメ！

オチョア・ロサド・ラグリマ（ロゼ）

品種：ガルナッチャ・ティンタ
　　　カベルネ・ソーヴィニヨン、
　　　メルロー

ラグリマ（一番搾り）のフレッシュな辛口のロゼ。ミネラルや心地よい花のようなアロマがある、エレガントでモダンな口当たりです。

これも合います

タンタカ・チャコリ（白）無発泡チャコリ

トゥロウペ（白）

CARPACCIO DE TERNERA

牛肉のカルパッチョ

カルパッチョといえば、鯛やサーモンといった魚をイメージしますが、牛肉もおいしい。
新鮮な牛肉が手に入ったらぜひチャレンジしてほしいメニューです。
パルミジャーノチーズの塩味だけで食べることができる、
シンプルで簡単な一皿。
サン・セバスティアンでお気に入りのバル
「サスピ」のイチオシメニューを再現しました。

✳ 材料　2人分

牛肉（ブロック、新鮮なもの）	200g
塩	小さじ 1/4
オリーブオイル	大さじ 1
ベビーリーフ	適量
クルミ	6 粒
パルミジャーノチーズ（薄切り）	適量
エディブルフラワー	3 輪
オリーブオイル	大さじ 1

✳ 作り方

1. 牛肉に塩をすり込み、5 分ほど置く。

2. フライパンにオリーブオイルを入れて強火にかける。フライパンから煙が出てきたら牛肉を入れ、全面に焦げ目が付くほど焼く（一つの面を約 40 秒）。

3. 牛肉の表面が焼けたら取り出してラップなどに包み、冷凍庫で 1 時間ほど冷やし、半冷凍にする。※薄く切るのは半冷凍にすると良い。

4. 半冷凍した牛肉を冷凍庫から出し、薄く切って皿に盛る。上にベビーリーフとクルミをのせ、パルミジャーノチーズをちらし、オリーブオイルを回しかけ、エディブルフラワーを飾る。

この料理にオススメ！

セロ・アニョン・ティント・クリアンサ（赤）
品種：テンプラニーリョ、ガルナッチャ・ティンタ、マスエログラシアーノ
華やかな香りと心地よいタンニン、樽熟成から来るスパイスのアロマ。バランスが良く、果実味が優しくなめらかに広がります。

これも合います

モンテ・アヴェジョン・バリカ（赤）

トレジョ・ブリュット（白のスパークリングワイン）

MERMELADA DE POLLO Y CEBOLLA

チキンの玉ねぎジャムサンド

バルの朝ピン（朝食べるピンチョス）では、こんなサンドイッチがカウンターにずらりと並びます。
中でも人気なのが、バターの風味が効いた玉ねぎジャムをたっぷり挟んだチキンのサンドイッチ。
肉料理に合う玉ねぎジャムは、バスクではポピュラーな調味料的存在で、
フランスが発祥といわれています。
おうち朝食メニューにぜひ！やみつきになりますよ。

✳ 材料　2人分

バター	大さじ 2
玉ねぎ（薄切り）	2 個
酢	小さじ 2
砂糖	大さじ 1
小さめのバゲット	2 個
鶏むね肉（2 枚に横に切る）	1/2 枚
塩	少々
オリーブオイル	大さじ 2
ベビーリーフ	少々

POINT

スペインでよく食べられている玉ねぎジャム。
サンドイッチはもちろん、肉料理のソースにも
使います。おいしく作るコツは弱めの中火で
じっくり炒めて、玉ねぎの甘みを引き出すこと。
砂糖の替わりにはちみつを入れてもおいしい。

✳ 作り方

1. フライパンにバターを入れて中火にかける。バターが溶けたら玉ねぎを入れ、弱めの中火で茶色くなるまで炒める。

2. 玉ねぎが茶色くなったら酢と砂糖を加えて混ぜ、火から下ろして冷ます。

3. 小さめのバゲットは横に切れ目を入れてからこんがり焼く。

4. 鶏むね肉に塩をふり、オリーブオイルをかけて 2 分ほど置く。

5. フライパンに 4 の鶏むね肉を入れて弱火にかける。中まで火が通り、両面に少し焦げ目が付くくらいまで焼く。

6. バゲットにベビーリーフ、鶏むね肉、玉ねぎジャムの順番に挟む。

ATÚN CASERO Y ACEITUNAS

自家製ツナと
オリーブのレリッシュ

バスクのスーパーなどで売っているビン詰めのツナは、
日本のツナ缶と違って大きなブロック状なので食べごたえはバツグン。
ピンチョスとしてもよく登場しています。
ここでは自家製ツナの作り方から紹介。おつまみはもちろん、
色々な料理に活躍し、使い終わったオリーブオイルも炒め物などに使えます。

✳ 材料　4人分

マグロ（赤身）	300g
塩	小さじ1/2
ニンニク（薄切り）	1かけ
ローリエ	1枚
黒コショウ	10粒
オリーブオイル	200ml
グリーンオリーブ	4個
チャービル	少々
塩	少々
カラフルレリッシュ（P52参照）	適量

✳ 作り方

1. マグロに塩小さじ1/2をふり、冷蔵庫で10分ほどおく。

2. マグロの水気をキッチンペーパーなどでふき取り、半分に切る。

3. 鍋にマグロとニンニク、ローリエ、黒コショウ、オリーブオイルを入れて弱火にかける。

4. 10分ほど煮てマグロの色が変わってきたら裏返し、さらに10〜20分弱火で煮る。

5. 火を止め、粗熱が取れたら鍋から出し、食べやすい大きさに切り分ける。オリーブオイルの煮汁は取っておく。

6. 器にマグロを並べ、グリーンオリーブをのせて串を刺し、チャービルを飾る。

7. 上から塩を少々ふり、カラフルレリッシュと5のオリーブオイルの煮汁をかける。

この料理にオススメ！

ファン・デ・オロ・ブランコ（白）

品種：シャルドネ
グレープフルーツやレモンなど柑橘系のアロマと豊かな果実味に合わせたスモーキーな樽香。熟した甘いアロマで濃厚な味わいです。

これも合います

ロベジャ・ロゼ・ブリュット・レセルバ
（ロゼのスパークリングワイン）

トゥロウペ（白）

PULPO A LA GALLEGA

タコのガリシア風
※写真下

スペインで一番タコが獲れ、最もタコ料理が
おいしいといわれているガリシア州。
そんなガリシアの伝統料理で、
バルの定番メニューといえばこのタコのガリシア風。
じっくり時間をかけて茹でることで、
驚くほどやわらかくなります。

✳ 材料　2人分

生のタコ	200g
ローリエ	1枚
塩	少々
オリーブオイル	適量
パプリカパウダー	少々
チリペッパー	少々
チャービル	少々

✳ 作り方

1. 鍋にタコとローリエを入れ、たっぷりの水を入れて強火にかける。沸騰してきたら中火にし、30分ほどタコがやわらかくなるまで煮る。

2. タコがやわらかくなったら火を止めて取り出し、食べやすい大きさに切る。

3. タコを器に盛り、塩をふり、オリーブオイルをかけ、パプリカパウダーとチリペッパーをふり、チャービルを飾る。

Point
この料理の味付けはとてもシンプルなので、
素材の味が一番大切です。新鮮なタコが手に
入ったらぜひ、試してみてください。

VIEIRAS MARINADAS

ホタテと赤野菜のマリネ
※写真上

美しいカンタブリア海に面したバスクは
新鮮な魚介が豊富なので、
どのバルにもタコやイカ、貝を使った
自慢のメニューがあります。
中でもサッパリした味付けのホタテのマリネは
白ワインやシャンパンにピッタリです。

✳ 材料　2人分

マリネ液	
レモン汁	小さじ1
オリーブオイル	大さじ1
塩	少々
はちみつ	小さじ1
白ワイン	小さじ1
ホタテ（刺身用、4等分に切る）	2個
赤パプリカ（1cmの角切り）	1/4個
紫玉ねぎ（みじん切り）	1/8個
トマト（1cmの角切り）	1/2個
イタリアンパセリ	少々

✳ 作り方

1. ボウルにマリネ液の材料を入れてよく混ぜる。

2. マリネ液にホタテ、赤パプリカ、紫玉ねぎ、トマトを入れて混ぜ合わせ、冷蔵庫で10分ほど置く。

3. 2を器に盛り、イタリアンパセリをのせる。

Point
ホタテを調理する場合、もしドリップ（汁）が
出ていたら、キッチンペーパーなどでしっかり
ふき取ります。また、マリネ液と合わせたら必
ず冷蔵庫で休ませること。このひと手間で味
がしみ込んで、一層おいしくなります。

MOUSSE DE ERIZO DE MAR

ウニのムース
※写真上

CANAPÉS CON ANCHOAS Y QUESO CREMA

アンチョビとクリームチーズの
カナッペ
※写真下

サン・セバスティアンのバルでよく見かけるウニは、
殻が器になっていて中身はグラタンかムースのような
なめらかな舌触りのもの。
ここでは生のウニを贅沢に使い、
生クリームと合わせて作るムースを紹介します。
とびきりの一皿をおうちでもぜひ。

バスクチーズケーキでおなじみのお店
「ラ ヴィーニャ」の、代表的なおつまみが
アンチョビとクリームチーズを
薄いコルネに入れたもの。
おうちでコルネを作るのは難しいので
クラッカーにのせてみました。

✳ 材料　2人分

ゼラチン（粉）	5g
水	大さじ2
牛乳	100ml
卵黄	1個分
ウニ（生）	50g
生クリーム	100ml
塩	少々
レモン（スライス、半分に切る）	1枚

✳ 材料　2人分

クリームチーズ（室温に戻す）	50g
生クリーム	大さじ1
アンチョビ（フィレ）	2枚
クラッカー	2枚
チャービル	少々

✳ 作り方

1. ゼラチンは水に入れてふやかす。ウニはトッピング用に少しだけ分けておく。

2. ミキサーに残りのウニ、牛乳、卵黄を入れてまわす。なめらかになったら鍋に入れて弱火にかけ、とろみがつくまで加熱する。

3. 2の鍋に1を入れてよく溶かして火から下ろす。鍋底を氷水に当てて冷ます。

4. ボウルに生クリームを入れて七分立てにし、3の鍋に加えてよく混ぜ合わせ、塩で味をととのえる。

5. 4を容器に流し入れ、冷蔵庫で冷やし固める。

6. グラスに5を盛り、トッピング用のウニをのせ、レモンを添える。

✳ 作り方

1. ボウルにクリームチーズと生クリームを入れ、なめらかになるまでよく練り、金口を付けた絞り袋に入れる。

2. クラッカーにアンチョビをおき、上に1を絞り、チャービルを飾る。

POINT
クリームチーズは冷蔵庫で保存しますが、硬くなるので常温に戻してから調理します。クリームチーズによっては塩味の強いものもあるので、生クリームと合わせた時点で味見をし、トッピングのアンチョビの量を調節します。

PIMIENTOS RELLENOS

赤ピーマンの
ビーンペースト詰め

バスクのスーパーなどでよく見かける、パプリカのビン詰や缶詰。
そのほとんどがやわらかく煮てあります。
中でも衝撃的だったのはやわらかいパプリカの中に、
とろとろの豆のペーストが入ったもの。
おいしいのですが、もう少し歯ごたえがある方が
おつまみとして良いのではと、赤ピーマンでアレンジしてみました。

❋ **材料 2人分**

赤ピーマン	4個
ガーリックオイル（P34参照）	大さじ2
玉ねぎ（みじん切り）	1/4個
ひよこ豆（茹でたもの）	200g
練りごま（白）	大さじ2
塩	少々
オリーブオイル	大さじ3
オリーブオイル	少々
パプリカパウダー	少々
ベビーリーフ	少々

❋ **作り方**

1. 赤ピーマンは上のヘタが付いている部分を切り、中の種を取り除く。

2. フライパンにガーリックオイルを入れて中火にかけ、玉ねぎを加えて透き通るまで炒める。

3. 2にひよこ豆を加えてサッと炒めたら火から下ろし、フードプロセッサーに入れてまわし、練りごまも加えてペースト状にし、塩で味をととのえる。

4. 赤ピーマンに3のビーンペーストを詰め、耐熱容器に入れ、オリーブオイル大さじ3を回しかける。

5. 180℃に温めたオーブンに4を入れ、30分ほど焼く。

6. 粗熱が取れたら冷蔵庫で冷やす。

7. 皿に盛り、オリーブオイルを少々回しかけ、パプリカパウダーをふり、ベビーリーフを添える。

この料理にオススメ！

バルバスール・ティント（赤）

品種：カベルネ・ソーヴィニヨン
メルロー、シラー、ティン
ティージャ・デ・ロタ
ベリー、シトラス、イチジクの葉、
薫り高いハーブのアロマが重なり、
熟したジャムのような赤果実の味
わいと酸味が絶妙なバランスです。

これも合います

ティレヌス・ティント（赤）

オチョア・ロサド・ラグリマ（ロゼ）

ほどよい酸味が料理を調和
彩りにも活躍する手作りレリッシュ

　レリッシュとは、粗みじん切り状態のピクルスのこと。一般的にはホットドッグやハンバーガーなどの具材に使われています。バスクでは使用頻度が高く、ピンチョスの彩りや味のポイント、冷たい料理のベースにも活躍。ここでは、家庭で使いやすい3種類（3色）のレリッシュを提案します。こってり系の肉料理や塩味の強いアンチョビなどに合わせてみてください。

✻ 材料（作りやすい分量）

●カラフルレリッシュ

野菜

赤パプリカ（粗みじん切り）	1/2 個
黄パプリカ（粗みじん切り）	1/2 個
きゅうり（粗みじん切り）	1本
かぶ（粗みじん切り）	2個
セロリ（葉は除く、粗みじん切り）	1本

材料の野菜は粗みじん切りにする。

ピクルス液	（約 400ml）
酢	250ml
砂糖	75g
水	75ml
ローリエ	1枚
ブラックペパー	5粒
ピンクペパー（なくてもOK）	5粒
唐辛子	1本
塩	小さじ 1/2

✻ 作り方

1. ピクルス液は全て合わせて火にかけ煮立ったら火を止めて冷ます。
2. 煮沸したビンに野菜とピクルス液を入れて冷蔵庫で保存する。

煮沸したビンなどに入れて保存する。

その他の材料

●グリーンレリッシュ

材料（作りやすい分量）

きゅうり（粗みじん切り）	1本
ピーマン（粗みじん切り）	3個
かぶ（粗みじん切り）	2個
セロリ（葉は除く、粗みじん切り）	1本
ピクルス液	約 400ml

●レッドレリッシュ

材料（作りやすい分量）

赤パプリカ（粗みじん切り）	1個
ドライトマト（お湯で戻し、粗みじん切り）	5個
紫玉ねぎ（粗みじん切り）	1/4 個
セロリ（葉は除く、粗みじん切り）	1本
ピクルス液	約 400ml

私のスペイン バスク地方
サン・セバスティアン紀行

取材写真 / 藤沢セリカ

バスク地方
サン・セバスティアンって
こんなところ

サン・セバスティアンのバルがひしめく街並みは、まるで大人のトレジャーランド。どこのバルでもおいしいピンチョスとペアリングされた最高のお酒を味わうことができます。バスクのお酒といえば微発泡の白ワイン「チャコリ」やリンゴから作られた「シードル」が有名ですが、赤ワインをこよなく愛する私。本当にチャコリやシードルがおいしいのでしょうか？ 今回は私の独断によるバスクへの行き方2通りと、バルを巡り、色々なお酒と料理のペアリングにチャレンジしながら見つけたおいしい料理など、楽しいバスク情報を紹介します。

© スペイン政府観光局

美食の街
サン・セバスティアンを目指して

「バスクとは、サン・セバスティアンはどこにあるの?」
数年前、サン・セバスティアンに行こうと決めたとき、
まずは世界地図を見てバスク地方を確認しました。
そして調査を開始! ところが
出版物が少なく、色々なサイトを見て情報を収集しましたが、
いまいち分からず・・・。
謎ばかりのバスクへは行ってみるしかない! と決意しました。
なので、ここで紹介する行き方は私が自力で学んだオリジナルルート。
ガイド本にはない、本当に役立つ情報をお教えします!

© スペイン政府観光局

© スペイン政府観光局

© スペイン政府観光局

　バスクへの行き方を調べたら、年々日本からの旅行者が増えているにもかかわらず、ガイドブックも少なく、情報が足りない状況。私も初めてバスクへ行こうと決めた時、調べれば調べるほど最適なルートが見つからず、バスク渡航歴がある人に聞いてもはっきりとした情報を得られませんでした。なぜでしょう? それはあらゆる場所からのアプローチが可能で、行き方に決まりがないから。そして日本からは遠く、行きづらい場所だから。まずはどこを中継地点にするか決め、そこからルートを模索します。私はフランスのパリを中継地点に選びました。

じっくり時間をかけて
ヨーロッパ鉄道で行く
車窓の旅

パリに1泊し、
人気の大衆食堂でエスカルゴに舌鼓

　まずは日本の成田空港からパリのシャルル・ド・ゴール空港へ。12時間のフライト、パリ到着が夜だったため、電車に乗るのは翌日にしてパリに1泊。モンパルナス駅から出発するため駅近辺のホテルを予約しました。そのホテルときたら、まるで昔の映画に出てくるような小さなエントランスで、エレベーターもひとり乗り用らしくものすごく狭い。でも良かったことは、ホテルのとなりにエスカルゴがおいしくリーズナブルな食堂があったこと。「シャルティエ」という店で、100年以上の歴史があるとか。もしパリに滞在されるなら行ってみてください。

出発20分前にならないと
乗り場が分からない電車

　さて、翌早朝。7時台の電車に乗るためにモンパルナス駅へ行きました。駅舎が3つもある大きな駅で、乗り場も複数。私が乗る電車はTGVという新幹線のような高速鉄道。厄介なことに、パリの電車は20分前にならないと到着するホームが分からないのです。しかもTGVが停まるホームは9つもあります。TGVは基本的に長距離移動する電車なので、みんな大きな荷物をいくつも抱え、電車の到着ホームを知らせる電子掲示板にくぎ付け状態。電子掲示板に自分が乗る電車のサインが出たら、さあ大変！みんな一斉にホーム目がけて走ります。早く行かないと荷物を置くところがなくなり、乗り遅れる可能性もあるからです。

　パリに住む友人が「電車が遅れるのは日常茶飯事だけど、発車5分前にはドアが閉まるから気を付けて」と事前に教えてくれていたので、私もクロワッサン片手に猛ダッシュ！なんとか乗ることができました。

　乗ってしまえば安心。あとはのんびり景色でも見て楽しみましょう。TGVで降りる駅はフランスとスペインの国境付近の駅アンダイエ。そこでローカル線のバスク鉄道に乗り換えて、サン・セバスティアンを目指します。

モンパルナス駅構内のPOULでクロワッサンを買い、電子掲示板に乗る電車のホームが表示されるのを待ちます。

モンパルナス駅近くの食堂は遅い時間になるほど行列が絶えませんでした。それにしてもエスカルゴは絶品！

普通車と値段の差が少なかったので1等車に。シートが広くてかなり快適です。

パリに到着し、ホテル近くの展望台のようなところから見たエッフェル塔。ここから新しい旅が始まります。

憧れのヨーロッパ鉄道、車窓の景色。日が昇ってきたら、いよいよフランスからスペインへ向かいます。

ビルバオにはトラムという路面電車があります。街中を走っているので、ショッピングには便利です。

ビルバオ・グッゲンハイム美術館の裏側、川沿いにはクモのオブジェ「ママン」があります。

美術館に併設されたビストロは噂通り、とてもおいしい。ランチのコースは前菜、メイン、デザートで20€。

正面には巨大な犬が！全身お花でできていて、季節によって植え替えられるそうです。それにしても大きい。

謎のバスク鉄道乗り場はキヨスクのような佇まいでした

　TGVに乗ること5時間、ほとんど変わり映えしない同じ景色を眺めつつ、アンダイエ駅に到着。どのサイトにも「すぐに分かる」と書いてあったので、さっそくバスク鉄道に乗り換えようと駅を出たが、分からない！右を見ても左を見ても駅は見当たらない。しかもバス停やタクシーすら、なにもない。困ったときの最後の手段、駅の中で「サン・セバスティアン、サン・セバスティアン！」と叫びました。これが成功！親切な人が現れて、バスク鉄道の駅まで連れて行ってくれて、切符まで買ってくれました。ガイド本に「すぐに分かる」と書いてあったバスク鉄道の駅は、TGVの駅を出て右に数百メートル！も行った、駐車場の先のしかも小さなキヨスクのような小屋でした。ちなみにこれは2019年10月のこと。2020年1月に行ったときは、この駅舎はなく5分以上長い階段や坂道を歩いて、やっとたどり着く位置にお引越ししていました。

国境を越えたら「ボンジュール」から「オラ」へ

　バスク鉄道に乗った途端、スペイン語の放送が流れてきました。そういえば国が変わったのに出入国の審査はなく、パスポートも見せません。陸続きではないのでしょうかね。バスク鉄道は各駅停車のローカル線で、終点がサン・セバスティアン（スペイン語ではドノステア）です。乗ること約1時間、無人の駅や落書きだらけの建物、栄えたきれいな街など、景色はTGVより楽しめます。もし時間に余裕があるなら、車窓の旅もオススメです。

このバスターミナルは出来たばかりで広く、とてもきれい。大きく「BUS」と書いてあるのですぐに分かります。

ビルバオからバスでサン・セバスティアンへ。乗り場はメトロのセントマメスという駅の地下、柱が目印です。

バスク鉄道が停まるサン・セバスティアンの駅前。バスもタクシーもいないので、ひたすら歩くしかありません。

地下にバスターミナルのあるサン・セバスティアンの駅。タクシーや観光バスも停まる大きな駅です。

行き方 その2 パリ経由、ビルバオからサン・セバスティアンへ

早くてラクチンな飛行機とバスの旅

時間に余裕がない、とにかく早く行きたい。そんな人にオススメなのがこちらの経路です。日本の羽田空港からパリ、シャルル・ド・ゴール空港へ12時間のフライト。2〜3時間ほどのトランジットタイムでビルバオ空港へ1時間のフライト。同じ航空会社（今回はエールフランス）を利用すれば、手ぶらで乗り換えられて、最終目的地でバゲッジを受け取れます。ビルバオからは高速バスでサン・セバスティアンへ向かいますが、せっかくなのでビルバオも散策します。

スペインバスクの入り口、ビルバオは大都会

サッカーやビルバオ・グッゲンハイム美術館で有名な街ビルバオは、メトロ、バス、トラムなど交通機関が充実していて移動が便利。旧市街にあるバル街も広く、見どころもたくさん。まずはおいしいものを求めてグッゲンハイム美術館に併設しているビストロに行きました。コースでいただいた魚のスープは絶品！もちろんクモや犬のオブジェも見学しましたよ。

ビルバオから高速バスでいよいよサン・セバスティアンへ

メトロのセントマメスという駅から直結でビルバオ市内のバスステーション（地下にあります）へ。柱の先にある「BUS」の文字が目印。窓口で、直接チケットを購入。大体ですが1時間ごとに出ています。ビルバオからサン・セバスティアンまで約1時間で到着。バスは12€と安くて確実に着くので安心です。

「サン・セバスティアンへの道」まとめ

行き方その1
日本（飛行機）→パリ（TGV）→アンダイエ（バスク鉄道）→サン・セバスティアン
行き方その2
日本（飛行機）→パリ（飛行機）→ビルバオ（バス）→サン・セバスティアン

サン・セバスティアンには2つ駅があります。①バスク鉄道が着く駅②バスターミナルがある駅。①は改札を出てすぐ駅構内にピンチョスが並んだバルがありますが、バスもタクシーもなし。宿まではスーツケースをガラガラしながらの徒歩。②はバルこそないですがタクシーもバスも観光バスも停まる大きな駅。タクシーで旧市街まで8€ほどです。

バル巡りの鉄則は
1軒1ピンチョス＆1ワイン

サン・セバスティアンを訪れる人の、目的の大半を占めるのがバル巡り。
旧市街はこぢんまりとしてはいますが、
なんと150軒ものバルがひしめき合う激戦地です。
ここではおいしい店の見分け方と、
より多くのバルを巡るためのコツを紹介します。

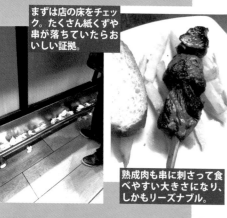

まずは店の床をチェック。たくさん紙くずや串が落ちていたらおいしい証拠。

海辺の街のバルでは、その日に獲れた旬の魚介類を食べることができます。

熟成肉も串に刺さって食べやすい大きさになり、しかもリーズナブル。

カウンターに並ぶピンチョスは自分で取ってお会計のときに自己申告します。

おいしい店の見分け方

　滞在期間中、何軒のバルに行くことができるのか、いくつの料理の味を知り、何杯のお酒を飲むことができるのか。「たくさんの料理を食べて色々なお酒を飲むことが私の仕事」と自分に言い聞かせ、都合よくバルをはしごしていましたが、手当たり次第店に入ることはしません。入念にチェックし、店を選んで入ります。人気のある店はだいたいおいしく、看板メニューも持っています。では、まずはおいしい店の見分け方とはなんでしょう？

　店内店外に人があふれるほどいる、というのは人気がある証拠ですが、それだけではおいしいかどうか分かりません。判断の決め手は、床に落ちたナプキンと串の量。バルはカウンターの上にピンチョスが並び、カウンター越しにお酒や料理を注文するスタイルなので、椅子がありません。立ち飲みがバルスタイル、その足下をチェック。床にたくさんの丸まった紙ナプキンや串が落ちていたら、それがおいしい証拠。一見ゴミだらけで汚く見えるのですが、これがバスクの礼儀。ゴミを足下に捨てるのが「おいしかったよ！」の合図なのです。

より多くのバルを巡るには、入念な計画を立てる

　おいしい店の見分け方が分かったら、次はいかに多くの店をはしごするかです。ただ、1日で回れる店には限界があるので、床をチェックしながら滞在中に行く店のリストを作っておきます。ほとんどのバルが夕方から夜11時までなので、正味6時間ほどしかありません。中には4時間しか営業しない店（私のお気に入りのおいしい店）もあるので、より多くのバルを巡るには、計画を立てることが必須です。

料理をおいしく食べるためには
酔い過ぎないように

　「もうここだけでいい」と思えるほどの MY
バルを見つけることができたらゆっくり腰を
据えるのもありですが、私ははしごタイプ。
1日に最低5軒は行くようにいつも計画を立
てます。より多くのバルを巡るコツ、それは
「1軒1ピンチョス1ワイン」ですが、1軒で
1杯ワインを飲み、5軒も回ればかなりの量、
ワイン1本分くらいになります。そこで私の
飲み方ルールは水を持ち歩き、ワイン、水、シー
ドル、水、ワイン、水、シードル、水、ワイン。
途中にアルコール分も少なく、体に良い飲み
物のシードルを挟むのがポイント。また、街
をぶらぶらしたりビーチに行ったり、ジェラー
トやフルーツを食べて口をリセットするのも
アリです。立ち飲みが基本ですが、はしごの
最後と決めた店ではゆっくり座って飲みます。

サン・セバスティアンの旧市街地

きのこのプランチャはバスク産の白ワイン、微発泡のチャコリと相性抜群です！

私の中で、ヒルダは1ピンに入りません。お漬物のような感覚で必ず注文します。

チャコリを注文すると、高いところから注いでくれます。みんな写真慣れしてる！

塩味の効いたエビのフリットは注文して揚げたてを赤ワインといただきます。

バスクではよく食べられている魚、メルルーサのグリーンビーンソースというお料理。

夕方、バルの外にあるテーブルで静かにひとり飲みしている時間が、本当に幸せ。

**1軒に長居は禁物！
最高30分で次に行くべし**

　バル激戦区のサン・セバスティアンでは、どこのバルでも厳選した自信のある料理とワインを出しています。だからワインの銘もノーチョイス。アイテムは白、赤、シードル、チャコリくらいしかありません。店によって違う銘柄なので、好みのものかどうかは飲んでてのお楽しみ。好みにあたればもう1杯、と行きたいところですが長居は禁物。最高でも1軒30分までにして次なるバルへGO！

行くたびに食べる、サスピ・バルの牛肉のカルパッチョ。この本で再現しています。

バカラオ（塩タラ）のミニバーガー。これだけでお腹いっぱいになるので注意。

豚の脂をカリカリに焼いて、卵とキャベツのお好み焼きみたいなものにのせた創作料理。

バルのカウンターには生きたウニがいました。これ、どうやって食べるのかしら？

カリカリに揚げたえびせんべいみたいなトルティージャはチャコリに合います。

指差し注文、
言葉が分からなくても大丈夫

　サン・セバスティアンのバルではほとんど英語が通じず、スペイン語オンリー。黒板メニューもスペイン語なのでさっぱり分かりません。カウンターに並んでいるピンチョスは、お皿をもらって自分で好きなものを取ります。届かないものやケースに入っているものなどは指差し注文でOK。2軒目あたりからは勇気も出て、しどろもどろですが温かい料理も注文できるようになりました。私は初めて行ったとき、これだけのスペイン語を覚えて参戦しました。

una vino tinto, por favor !!（ウナ ヴィノティント ポルファボール）（赤ワインをひとつください）これで飲むことはできます！

お会計の合図は
ペンを滑らせるようにジェスチャーを

　お会計の合図は国によって異なります。日本でよく人差し指で×を作る、これはサン・セバスティアンでは絶対やってはいけないしぐさ。「おいしくない、まずい、最悪」という意味になるので気を付けましょう。混雑したバルではキャッシュオンにする方が賢明ですが、ほとんどのバルが後会計なので、お店の人と目が合ったらペンを滑らせるようなジェスチャーをします。そうすると金額が書いてあるレシートをくれるので、お金を渡します。店によっては注文時に名前を聞かれ、お会計をお願いすると名前を呼ばれる、なんてこともあります。ちなみに私の名前Celica（セリカ）はスペイン語で「天国のような」という意味。だからでしょうか、お店の人にはすぐに名前を覚えられ、バル街に知り合いも増えました。

お口直しはジェラートで。バスクの人はジェラート好きらしく、バル街にも店が数軒あります。

言葉が分からなくても指さし注文すれば大丈夫！お店の人は分かってくれます。

地で獲れる旬のひとつ、マテガイ。やわらかく、潮の風味が口いっぱいに広がります。

オブジェのように並ぶピンチョスはまさに食の芸術、シェフはアーティストです。

旬にしか登場しないアーティチョーク。ロメスコソースでいただきます。

炒めたアーティチョークがトマトの上にのっているだけなのに死ぬほどおいしい！

バスクで見つけた食材たち

　私は海外に行くと、まずはスーパーへ行きます。その土地ならではの食材を探し、滞在中に食べてみる。そしておいしかったら買って帰るのですが、困ったことにバスクにはおいしいものしかありません。そんなバスクで見つけたお土産にもなる食材を少しだけ紹介します。

世界で一番おいしいと言われているアンチョビ

世界で一番おいしいアンチョビがあると聞き、ゲタリアのお店「サラノルト」に行きました。そこでは港に陸揚げされた良質な魚介類を加工し、ビン詰や缶詰にしています。塩味は控えめなので、たっぷりのオリーブオイルをかけてそのまま食べるのがオススメだそう。

お土産に最適なバスクカラーの缶詰

PATE BASQUE という文字の下に、バスクの風景がかわいいイラストで描かれている缶詰。中はポークパテなので、ピンチョスの土台にするバゲットに塗るのにピッタリ。赤は辛口、緑はプレーン。バスクカラーなので、お土産にも喜ばれます。

料理のポイントに最適な唐辛子ソルト

フランスバスクには唐辛子の産地として有名な村「エスプレッド」があります。ここで作られている唐辛子は無農薬で栽培され、防腐剤などを加えず商品化。厳しく品質管理されているので安心。粗挽き、パウダー、ペーストなど色々な唐辛子商品があります。

バスク料理に欠かせないパプリカパウダー

日本でもパプリカパウダーは売っていますが、バスクのパプリカパウダーはちょっと違います。こちらはスイートとホットで、どちらもスモークフレーバーです。パラッとひとふりするだけで、色も香りも楽しめるスペシャルなスパイスです。

チーズのお供に欠かせない、メンブリージョとは？

「メンブリージョ」とは、チーズ売り場には必ず置いてある、オレンジ色の羊羹みたいなもの。マルメロ（かりんのような果物）の果実からできていて、主にチーズのお供として食べられています。ほんのり甘く、さわやかな風味。ハードタイプやクセのあるチーズと合わせて、ワインといただきます。

PART 3

お腹を優しく満たす、幸せの逸品

温かいタパス

タパスは生ハムやチーズなどのフォークだけで食べられるものから、ナイフとフォークで食べるメイン料理のようなものもあります。レストランでしか味わえない高級食材を使ったタパスも、バルではリーズナブルに楽しむことができます。ここではそんなバルならではの、温かいタパスのレシピを紹介します。

SALTEADO DE VIEIRAS

ホタテのソテー・
スイートコーンソース

サン・セバスティアンではバルのはしごは当たり前。
スイートコーンのソースは、はしご数軒目の膨らんだお腹でも
ペロっと食べられてしまうほどのおいしさ。
ガーリックの効いたホタテとほんのり甘いソースがクセになります。
このソースはサーモンや白身魚のソテーなどにも合うのでぜひ、お試しください。

✱ **材料　2人分**

バター	20g
玉ねぎ（みじん切り）	1/8 個
クリームコーン（缶詰）	200g
生クリーム	50ml
水溶きコーンスターチ	
（水小さじ1、コーンスターチ小さじ1）	
塩	少々
ホタテ（刺身用）	4個
ガーリックオイル（P34 参照）	大さじ2
玉ねぎ（みじん切り）	大さじ1
イタリアンパセリ（みじん切り）	1枝
オリーブオイル	大さじ1
チャービル	少々

Point
甘みのある味が特徴のスイートコーンソース。
最大限にうまみを引き出すには、玉ねぎを弱
火でじっくり炒めること。コーンに玉ねぎの甘
みもプラスされ、生クリームと合わせることで
さらにおいしいソースを作ることができます。

✱ **作り方**

1. フライパンにバターと玉ねぎを入れて弱火にかけて炒める。

2. 玉ねぎが透き通ってきたらクリームコーンを加えてひと煮立ちさせる。

3. 2をミキサーに入れてペースト状にして裏ごしし、再度鍋に入れて弱火にかける。

4. 鍋に生クリームと水溶きコーンスターチを入れ、とろみが出るまで煮詰めて塩で味をととのえ、火から下ろして冷ます。

5. ホタテに塩をふり、2分ほどおき、キッチンペーパーなどで水気をふきとる。

6. フライパンにガーリックオイルを入れて中火にかけ、ホタテを入れて両面に焼き色を付けたら玉ねぎとイタリアンパセリを加え、サッと炒める。

7. 皿にスイートコーンソースを敷き、上にホタテを置き、オリーブオイルを回しかけ、チャービルを飾る。

FRITO DE CALAMARI
カラマリのフリット

カラマリはイタリア語でイカという意味ですが、
バスクでもイカをカラマリと呼びます。
色々な料理に登場しますが、バルでの王道の調理法はフリット。
カリッと揚げたカラマリとキンキンに冷えたチャコリは、最強の組み合わせ。
スナック感覚でおやつにも最適な、おいしいフリットです。

＊ 材料　2人分

イカ	1杯
薄力粉	大さじ2

衣
薄力粉	20g
塩	小さじ1/2
ビール（炭酸水でもOK）	100ml
揚げ用油（サラダ油）	500ml

ソース（混ぜ合わせる）
マヨネーズ	大さじ2
ガーリックオイル（P34参照）	小さじ1
レモン汁	小さじ1

＊ 作り方

1. イカは内臓を取り、胴を1cmほどの輪切り、ゲソは食べやすい大きさに切り、薄力粉大さじ2をまぶす。

2. ボウルに薄力粉20g、塩、ビールを入れて混ぜ合わせ衣を作る。

3. イカを衣に絡め、180℃に温めた揚げ用油でキツネ色に揚げる。

4. 3の油をきって皿に盛り、ソースを添える。

この料理にオススメ!

**トレジョ・ブリュット
（白のスパークリングワイン）**

品種：マカベオ、チャレッロ
　　　パレリャーダ
さわやかで酸味がしっかりとした
味わい。熟成感より葡萄のフレッ
シュさを追求したエレガントなス
パークリングです。

これも合います

タンタカ・チャコリ
（白、無発泡チャコリ）

オチョア・ロサド・ラグリマ
（ロゼ）

SOPA DE PESCADO
ゲタリア風魚のスープ

魚のスープはバスクのレストランメニューによくありますが、
漁師町ゲタリアのレストランでいただいたスープは格別でした。
濃厚で魚のうまみがギッシリ詰まったスープは
他で味わったことのない、感動的なおいしさ。
そんなゲタリアのスープを再現しました。
こんがり焼いたクルトンの入った器に注ぎ入れます。

✳ 材料（4人分）

尾頭付きの鯛	1尾
イワシ	1匹
タラの切り身	2枚
カレイの切り身	1枚
ガーリックオイル（P34参照）	大さじ2
玉ねぎ（薄切り）	1/2個
ネギ（乱切り）	1/3本
セロリ（乱切り）	1/3本
にんじん（乱切り）	1/3本
白ワイン	100ml
トマト缶（ホール、濾す）	400ml
水	2L
塩	小さじ1
サフラン	少々
ローリエ	2枚
クルトン	適量

✳ 作り方

1. 尾頭付きの鯛とイワシはウロコと内臓を取り、よく洗ってぶつ切りにする。タラとカレイの切り身は半分に切る。

2. 大きめの鍋にガーリックオイルと玉ねぎ、ネギ、セロリ、にんじんを入れて中火にかけて炒める。

3. 野菜がしんなりしてきたら鯛とイワシ、タラとカレイを加え、木べらなどで潰すようによく炒める。

4. 3の鍋に白ワインを入れてひと煮立ちしたらトマト缶と水、塩、サフラン、ローリエを入れて弱火にし、アクを取りながら2時間ほど煮込む。途中、水分が足りなくなったら200ml（分量外）ほど足し、全体の水分量が1/3になるまで煮込む。

5. 4をキッチンペーパーなどで濾し、尾頭や骨、野菜のクズを取り除く。

6. 器にクルトンを入れ、濾したスープを注ぎ入れる。

POINT————
魚のエキスをギュッと閉じ込めた、濃厚な味のスープ。おいしく作るコツは、煮込む前に魚と野菜をしっかり炒めて臭みを飛ばすこと。そして最後は裏ごししてスープだけを残す。このひと手間でプロ並みの味が演出できます。

サン・セバスティアンのバル風
あさりのリゾット

あさりのうまみとニンニクの香り、塩のみで味付けした
シンプルだけど食べ出したら止まらなくなるリゾット。
サン・セバスティアンの老舗バル「ラ・セパ」の人気メニューを再現しました。
お店では注文してから約30分かかりますが、
待つ甲斐がある、二日酔いの胃にも優しいごはんです。

✳ 材料　2人分

ガーリックオイル（P34 参照）	大さじ 2
あさり（砂抜きする）	300g
白ワイン	50ml
水	500ml
ネギ（青い部分も含む 1cm の千切り）	
	1/3 本
米（洗わない）	120g
塩	小さじ 1/4

POINT
あさりの砂抜きは、まずボウルとそれに合う大
きさのザルを重ね、そこへ良く洗ったあさりと
水 500ml、塩 15g を入れて暗いところに 2 時
間ほど置くのがコツ。ザルを持ち上げ、ボウル
の底に砂が溜まっていれば OK です。

✳ 作り方

1. 耐熱容器（フライパンでも OK）にガーリックオイル
   とあさり、白ワインを入れて中火にかける。

2. あさりの口が開いたら、あさりを一旦取り出しておく。

3. 2 の耐熱容器にネギと米、塩、水を入れて混ぜ、ひ
   と煮立ちしたら中〜弱火にする。

4. 何度か混ぜたら 20 分ほど煮込み、米が好みの固さ
   になったら 2 のあさりをもどして混ぜ、中火にして煮
   立たせる。※米が好みの固さになる前に水気がなく
   なったら 100ml（分量外）ほど水を足す。

5. 煮立ったら蓋をして火から下ろし、1 分ほど放置する。

バスク風
豆のスープ

バスクの伝統料理にトロサという黒インゲン豆を使った
スープや煮込み料理があります。
その味が忘れられず、帰国後知り合いのバルで店主にオーダーしたところ、
トロサ豆がないとのこと。
でも「レンズ豆で同じ味が作れるよ」と作ってくれたスープがこちら。
優しい味で飲みのシメにもピッタリ。
バスクではギンディージャをかじりながら食べるのがスタンダード。

✳ 材料　4人分

レンズ豆	150g
ガーリックオイル（P34 参照）	大さじ1
玉ねぎ（みじん切り）	1個
トマト（みじん切り）	1個
水	1L
にんじん（小さめの乱切り）	1/3 本
じゃがいも（小さめの乱切り）	1個
コンソメ（顆粒）	小さじ2
塩	少々
ギンディージャ（青唐辛子の酢漬け）	適量

✳ 作り方

1. レンズ豆を洗っておく。

2. 鍋にガーリックオイルと玉ねぎを入れて中火にかけ、玉ねぎが透き通ったらトマトを加え、2分ほど炒める。

3. 2の鍋にレンズ豆と水、にんじん、じゃがいも、コンソメを加えて弱火で1時間ほど煮る。※途中水分が少ないと感じたら200ml（分量外）ほど足す。

4. レンズ豆と野菜がやわらかくなったら塩で味をととのえる。
   器にそそぎ、ギンディージャを添える。

この料理にオススメ!

トゥロウペ（白）

品種：アルバリーニョ
フレッシュで程よい酸味。バラのような香りもあり、アフターにはピンクグレープフルーツのような柑橘系の余韻を感じられるバランスのとれたワイン。

これも合います

バルバスール・ティント
（赤）

オチョア・ロサド・ラグリマ
（ロゼ）

PIMIENTO DE FRITO

ピミエント（しし唐）の素揚げ

どうして？と思うほど最高においしい、シンプルな一品。
ピミエントとはしし唐辛子のような姿をした野菜で、
味も似ていてほろ苦く、ときどき辛みを持っています。
ただそれを素揚げしただけのものですが、
シャンパンやチャコリなどの発泡したお酒にベストマッチ！
簡単なのにとびきりのおつまみ。ぜひチャレンジを。

❋ 材料　2人分

しし唐辛子	20 本
揚げ用油（オリーブオイル）	500ml
塩	少々

Point
ピミエントとはゲルニカ産のピーマンで、見た目も味もしし唐そっくり。素揚げして塩をふるだけの料理なので素材は厳選しましょう。しし唐は大ぶりのものを、塩は少し甘みのある、ミネラルが豊富な海の粗塩がオススメです。

❋ 作り方

1. しし唐辛子は爪楊枝などで刺し、1か所ずつ穴をあける。
2. 180℃に温めた揚げ用油に1を入れ、30秒ほど揚げる。
3. しし唐辛子を皿に盛り、塩をふる。

この料理にオススメ！

トレジョ・ブリュット
（白のスパークリングワイン）

品種：マカベオ、チャレッロ
　　　パレリャーダ
さわやかで酸がしっかりとした味わい。熟成感より葡萄のフレッシュさを追求したエレガントなスパークリングです。

これも合います

タンタカ・チャコリ
（白、無発泡チャコリ）

マンテル・ソーヴィニョン・ブラン（白）

ゲタリア風カレイのグリル

海沿いの町ならではの、
魚を1匹丸ごと炭火で焼いた名物料理。
ゲタリアを訪れるほとんどの人はこの料理がお目当て。
小さな町のあちこちで、
店の外で魚を焼いている料理人を見かけます。
のどかな風景と香ばしく焼けた魚の匂いが立ち込めるゲタリアは、
旅人の足を引き止める魅力が満載のスポットです。

✳ 材料　2人分

カレイ（ヒラメなどの他白身魚でもOK）1匹	
塩	少々
ガーリックオイル（P34参照）	50ml
レモン汁	大さじ2
塩	小さじ1/2

Point

新鮮な魚が手に入ったら、ぜひ作ってほしいシンプルな料理。おいしく作るコツは背びれ、胸びれ、尾にたっぷり粗塩をつけ、身には軽くふって焼きます。ソースはオイルとレモンを乳化させることでマイルドにできあがります。

✳ 作り方

1. カレイはウロコと内臓を取り、塩少々をふって20分ほどおく。

2. カレイの水気をキッチンペーパーなどでふきとり、魚焼き網でこんがり焼く。

3. フライパンにガーリックオイルとレモン汁、塩小さじ1/2を入れて中火にかけ、フライパンをふり、液体を乳化させる。

4. 皿にカレイを盛り、3をかける。

この料理にオススメ！

トレジョ・ブリュット
（白のスパークリングワイン）

品種：マカベオ、チャレッロ
　　　パレリャーダ
さわやかで酸味がしっかりとした
味わい。熟成感より葡萄のフレッシュさを追求したエレガントなスパークリングです。

これも合います

タルダナ・デ・エステナス・ブランコ（白）

ファン・デ・オロ・ブランコ（白）

トルティージャ

夜のバルにもありますが、朝食としても人気のトルティージャは
じゃがいもと玉ねぎが入ったオムレツのようなもの。
フライパンの形に丸く焼くのが特徴で、
焼きたては半熟状態で中がトロトロ。
しっかりと焼けば、サンドイッチの具としても重宝します。

✳ 材料　2人分

じゃがいも（皮をむき 1cm の角切り）

	150g
玉ねぎ（1cm の角切り）	75g
煮る用油（サラダ油）	300ml
ガーリックオイル（P34 参照）	大さじ 2
卵	4 個
塩	少々
オリーブオイル	大さじ 2

Point

面倒くさいからといって、じゃがいもと玉ねぎ
を炒めるだけではいけません。まずは油で煮
ることでおいしいトルティージャができます。
塩加減はお好みですが、マヨネーズやケチャッ
プを付けて食べるなら薄味にしましょう。

✳ 作り方

1. じゃがいもと玉ねぎを鍋に入れ、油を加えて中火に
かける。泡が出てきたら弱火にし、20 分ほど煮てじゃ
がいもと玉ねぎを油から上げる。

2. フライパンにガーリックオイルを入れて中火にかけ、
じゃがいもと玉ねぎを加えて炒める。

3. ボウルに卵を溶き、塩を加えて混ぜる。

4. ボウルに 2 を熱いまま加え、よく混ぜ合わせる。

5. フライパンにオリーブオイルを入れて中火にかけ、4
を一気に流し入れる。

6. フライパンにあたる部分の卵が固まってきたらゴムベ
らで混ぜ、中央が半熟状態になったらフライパンに
皿を被せてひっくり返す。

7. 皿にのった 6 をそのままスライドさせてフライパンへ
戻し、40 秒ほど焼き、皿に盛る。

きのこのプランチャ

おいしい食材の宝庫バスクでは、
秋になると生のポルチーニ茸が登場！
シーズン中はカウンターに山積みにされているので
指を差すだけで注文が成立。
高級食材ですが、バルではお手頃な価格で味わえます。
プランチャとは鉄板焼きという意味で、バルの人気メニューのひとつ。
きのこの他に肉や魚介のプランチャも。

✳ 材料 2人分

ポルチーニ茸 (乾燥)	10g
舞茸 (食べやすい大きさに切る)	100g
エリンギ (食べやすい大きさに切る)	2本
マッシュルーム	
(食べやすい大きさに切る)	3個
オリーブオイル	300ml
ニンニク (潰す)	1かけ
卵黄	1個分
塩	少々
チャービル	少々

POINT
食材をオイルで煮る調理法をコンフィといいます。やわらかく仕上げるために鴨肉などをコンフィにすることが多いのですが、きのこをコンフィにすると食感はそのまま。うまみが閉じ込められてさらにおいしくなります。

✳ 作り方

1. ポルチーニ茸をボウルに入れ、ひたひたより少し多めのぬるま湯に1時間ほど漬けて戻す。

2. ポルチーニ茸が戻ったら汁気を切る。

3. フライパンにオリーブオイルとニンニク、2のポルチーニ茸、舞茸、エリンギ、マッシュルームを入れて中火にかける。

4. オリーブオイルがグツグツ煮立ってきたら弱火にし、10分ほど煮て火を止める。

5. 4のきのこ類をオリーブオイルから上げて5分ほど油を切る。

6. 別のフライパンを中火にかけ、5のきのこ類を入れて2〜3分炒める。皿に盛り、中央に卵黄を落とし、全体に塩をふり、チャービルを飾る。

牛肉の赤ワイン煮フォアグラのせ

高級店でしかお目にかかることができないフォアグラも、
バスクのバルではお手頃なお値段でいただくことができます。
お店によって調理法や味付けも違いますが、
ここでは王道のソテーを、やわらかく煮込んだ
牛肉の赤ワイン煮に合わせました。
重めの赤ワインと合わせたい、贅沢な一皿です。

✲ 材料　2人分

牛肉（ブロック、半分に切る）	400g
おろしニンニク	小さじ 1
塩	小さじ 1
白コショウ	少々
オリーブオイル	大さじ 2
バター	10g
玉ねぎ（薄切り）	1/2 個
赤ワイン	200ml
水	600ml
デミグラスソース	100ml
コンソメ（顆粒）	小さじ 2
ローリエ	1 枚
フォアグラ	2 きれ
塩	少々
白コショウ	少々
小麦粉	小さじ 1〜2
無塩バター	20g
チャービル	少々

Point

牛肉は調理をする前に必ずドリップ（汁）をふき
取ります。こうすることで臭みがなくなり、焼
いたときに肉本来のうまみを逃がしません。
煮込む前に牛肉を焼き、数分休ませておくこ
ともおいしく作るポイントです。

✲ 作り方

1. 牛肉におろしニンニク、塩、白コショウをすり込み 10 分ほど置く。表面に浮き出たドリップ（汁）をキッチンペーパーなどでふき取る。

2. フライパンにオリーブオイルを入れて強火にかけ、煙が上がってきたら牛肉を入れ、全面に焦げ目が付くように焼いておく。

3. 鍋にバターと玉ねぎを入れて中火にかけ、玉ねぎが透き通るまで炒める。

4. 3 の鍋に 2 の牛肉を入れ、赤ワインを加えてひと煮立ちさせる。アルコール分が飛んだら水、デミグラスソース、コンソメ、ローリエを入れて弱火にして 1 時間ほど煮る。

5. 牛肉がやわらかくなり、水分が 1/3 ほどになったら火を止める。※途中水分が足りなくなったら水 200ml（分量外）を足す。

6. フォアグラに塩少々、白コショウをし、小麦粉をまぶして冷蔵庫に 10 分ほど置く。

7. フライパンに無塩バターを入れて中火にかける。バターが溶けたら 6 を入れて両面をこんがり焼く。

8. 皿に牛肉の赤ワイン煮を盛り、上に焼いたフォアグラをのせ、チャービルを添える。

ポルチーニ茸の
クロケッタ

クロケッタとは、ひと口サイズのクリームコロッケのこと。
本場のバルには中味が生ハムやバカラオ（塩タラ）、
イカスミなど色々な種類があるので食べ比べも楽しめます。
ここでは香り高いきのこ、乾燥ポルチーニ茸を使用。
なんともいえない、濃厚なうまみと、
高貴な香りがうっとりするクロケッタです。

✳ 材料　2人分

ポルチーニ茸（乾燥）	20g
湯	150ml
バター	70g
玉ねぎ（みじん切り）	1/4 個
小麦粉	70g
牛乳	400ml
塩、コショウ	少々
卵（溶く）	1 個
小麦粉（形成用）	少々
パン粉（細）	適量
揚げ用油（サラダ油）	600ml
イタリアンパセリ	少々

POINT
上手に衣をつけ、破裂しないように揚げるには、作り方5で中身をしっかり冷やし固めること。形成した後も、衣をつけたら再度冷蔵庫に入れて30分ほど休ませるのがベスト。残ったら冷凍もできるので多めに作りましょう。

✳ 作り方

1. ポルチーニ茸と湯をボウルに入れ、1時間ほど漬けて戻す。戻ったポルチーニ茸をよく絞ってみじん切りにする。戻し汁は使うのでそのままとっておく。

2. 鍋にバターと玉ねぎを入れて中火にかけて炒める。玉ねぎが透き通ってきたら小麦粉を加え、粉っぽさがなくなるまで炒める。

3. 2の鍋を火から下ろし、牛乳と1の戻し汁100mlを入れてよく混ぜ合わせてから、再度中火にかける。

4. 3が煮立ってきたら弱火にし、とろみが出てきたらそのまま2分煮て塩、コショウで味をととのえる。

5. 4をバットなどに流し入れ、粗熱が取れたら冷蔵庫で冷やし固める。

6. 5が固まったら小さな小判型に形成し、小麦粉、溶き卵の順番に通し、パン粉をつける。

7. 170℃に温めた油で6をこんがり揚げる。

8. 皿に盛り、串を刺し、イタリアンパセリを飾る。

MARMITAKO

マルミタコ

名前だけ聞くとタコが入った料理のように思いますが、
マルミタコとはマルミータと呼ばれる
蓋のついた鍋を使って作る漁師料理。
バスク語でマルミタコとは
「マルミータを使った」という意味だそうです。
本場では乾燥パプリカを水で戻したものを使用しますが、
日本では手に入りづらいので、
生パプリカとパプリカパウダーを使って再現しました。

✳ 材料　2人分

マグロ（赤身）	200g
塩	少々
ガーリックオイル（P34 参照）	大さじ 2
玉ねぎ（1cm の角切り）	1 個
赤パプリカ（2cm の角切り）	1 個
ピーマン（1cm の角切り）	1 個
じゃがいも（皮をむいて乱切り）	2 個
白ワイン	50ml
水	400ml
コンソメ（顆粒）	小さじ 2
パプリカパウダー	小さじ 1
ローリエ	1 枚

✳ 作り方

1. マグロはひと口大に切り、塩をふっておく。

2. 鍋にガーリックオイルと玉ねぎを入れて中火にかけて炒める。玉ねぎが透き通ってきたら赤パプリカ、ピーマン、じゃがいも、白ワインを入れて混ぜる。

3. 鍋の具材がひと煮立ちしたら水とコンソメ、パプリカパウダー、ローリエを入れてじゃがいもがやわらかくなるまで煮込む。

4. じゃがいもが煮えたら塩で味をととのえ、マグロを加えて混ぜ、蓋をして火を止め、余熱でマグロに火を入れる。

エビのフリット

サクサクの食感がクセになる、軽くておいしいエビのフリット。
バルの中では地味なメニューですが、
一度食べたらやめられない存在。
シャンパン、チャコリはもちろん、シェリー酒やビールにも合います。
ビールで作る衣は軽くて歯触りが良いのですが、
時間が経つとしっとりしてくるので、
ぜひ出来立てをご賞味ください！

✳ 材料　2人分

エビ（ブラックタイガーなど）	6尾
塩	少々
小麦粉	大さじ1
揚げ用油（サラダ油）	500ml
衣（作りやすい分量）	
卵白	1個分
卵黄	1個分
オリーブオイル	大さじ1
ビール（炭酸水でもOK）	60ml
小麦粉	80g
イタリアンパセリ	少々

✳ 作り方

1. エビは皮をむいて背ワタを取り、塩をふって10分ほど置く。

2. ボウルに卵黄、オリーブオイル、塩、ビールを入れてよく混ぜ合わせてから小麦粉を加えて混ぜる。

3. 別のボウルに卵白を入れて角が立つまでホイップし、2のボウルに入れてサックリ混ぜて衣を作る。

4. エビに小麦粉を絡め、衣にくぐらせて180℃に温めた揚げ用油に入れ、キツネ色になるまで揚げ、取り出して油をきる。

5. 皿に盛り、串を刺し、イタリアンパセリを飾る。

トゥロウペ（白）

品種：アルバリーニョ
フレッシュで程よい酸味。バラのような香りもあり、アフターにはピンクグレープフルーツのような柑橘系の余韻を感じられるバランスのとれたワイン。

これも合います
トレジョ・ブリュット
（白のスパークリングワイン）

ロベジャ・ロゼ・ブリュット・レセルバ
（ロゼのスパークリングワイン）

ホワイトアスパラのアヒージョ

バスクでは、どこのスーパーにもホワイトアスパラの缶詰、
ビン詰がズラリと並ぶコーナーがあります。
小さなものから極太のものまで、大きさはさまざまですが
スペイン産のホワイトアスパラは筋がなく、
やわらかいのが特徴です。
そのままサラダに入れてもおいしいですが、
ここではアヒージョにしてみました。

✳ 材料　2人分

ガーリックオイル（P34 参照）	大さじ6
赤唐辛子	1本
ホワイトアスパラ（缶詰半分に切る）	150g
マッシュルーム（半分に切る）	4個
赤ピーマン（千切り）	1/4個
塩	小さじ1/2
バゲット	適量

✳ 作り方

1. 耐熱容器にガーリックオイルと赤唐辛子、ホワイトアスパラ、マッシュルーム、赤ピーマンを入れて中火にかける。

2. オイルがグツグツ煮立ってきたら弱火にして1分ほど煮る。火から下ろし、バゲットを添える。

この料理にオススメ！

タルダナ・デ・エステナス・
ブランコ（白）

品種：タルダナ
なめらかでシルクのような味わい。開けたては弾けるような酸味があり、最後にはほのかなビター感がある。まるで葡萄を食べているかのようなワインです。

これも合います

タンタカ・チャコリ
（白、無発泡チャコリ）

ロベジャ・ロゼ・ブリュット・
レセルバ
（ロゼのスパークリングワイン）

シドレリアの解禁セレモニー「チョッツ！」に参加してみよう

リンゴの産地でもあるバスクには、
シドラ（一般的にシードルと呼ばれているリンゴのお酒）の
醸造所であるシドレリアがあります。
そこで行われている「チョッツ！」とは一体何か？
実際に体験してきました。

スタッフに案内されてレストランを抜けると、そこは大きな樽が並ぶ倉庫。これがシドラ？圧巻です。

入口はひっそりとしてとても静か。この中に大きな樽があるなんて想像もつきません。

栓を開ける前、スタッフにここにスタンバイするように、という指示を受けます。

大きな木の扉を開けると、そこは広々としたレストラン。受付をすると、ひとりずつグラスが渡されます。

完熟のリンゴだけで造られる自然の味、シドラ

サン・セバスティアンの旧市街から車で約15分。山側へ向かった先にシドレリアがありました。バスクのシドラはさまざまな種類のリンゴをブレンドしたもので微発泡、酸味が強めでアルコール度数は5％ほど。リンゴの収穫方法も特徴的で、木からもぎ取ることはせず、熟して地面に落ちた実を収穫するのが伝統だとか。2カ月から4カ月ほどかけて樽の中で発酵させ、収穫の翌年1月19日に解禁セレモニーが行われます。そこで行われるのが「チョッツ！」という儀式。これはシドラの完成を祝って、樽から直接飲むための合図だったのです。

合図とともに、栓を開けると勢いよくシドラが吹き出ます。それをグラスで受け取るのがチョッツ！です。

飲み放題と
豪快な料理で大満足

　シドレリアの飲み放題には食事もセットになっています。まずはバゲットが1本とチョリソー、次はバカラオのオムレツ、お次はタラのソテー、これで終わりかと思ったら最後にTボーンステーキが登場。どれもシドラに合い、超お腹いっぱい。ここでのコツは、樽から出るシドラは少量ずつ飲み比べること。おいしいからといってグラスいっぱい注ぐのはやめましょう。余談ですが、相席になったアメリカから来たという男子5人組は、倉庫へ行くたびにグラスいっぱいのシドラを持って着席。それを4回ほど繰り返した時点で、バゲットを振り回して遊ぶ、楽しい酔っ払いになっていました。

樽には番号が書いてあるので、リピートしたいときのためにお気に入りを覚えておきます。

これまた大きいバカラオのオムレツ。どうやら人数は関係なく、1グループに同じサイズの料理が出るみたいです。

タラのソテーはヘッドかボトムどちらがいいかと聞かれ、ボトムをチョイス。ガーリックが効いておいしい！

まさかのTボーンステーキ。日本人の胃袋にはちょっときついコースですが、豪快な料理に大満足でした。

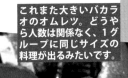

前菜とは思えないほど大きなチョリソーとバゲット。この時点ではTボーンステーキが出るなんて思いもよりません。

山を登って行く途中にシドレリアがありました。旧市街から意外と近いところです。

爆走バスでゲタリアの街へ。
絶景の炭火焼レストランにぜひ

新鮮な魚介類の炭火焼レストランが多数あることで有名なゲタリア。
中世の頃から漁業が盛んで、捕鯨も行われていたといいます。
今回はローカルバスで、そんなゲタリア観光に行ってみました。
もちろん、炭火焼の料理がメインイベントです。

UK10と書いてあるバスに乗れば
ゲタリアへ行けます

サン・セバスティアンからゲタリアまでのアクセス方法はバスか車。タクシーだと30分くらいで金額は100€は超えると聞き、バスをチョイス。サン・セバスティアンの市内から出発するバスは多数ありますが、ゲタリアへ行く最短バスはUK10。バス停にこのUK10の路線地図が貼ってあればそこから乗ることができます。ちなみにUK9でもゲタリアに行きますが、9は各駅停車のような感じなので10の方が高速です。

時速80キロの
爆走バスでゲタリアへ！

バス停で待つこと10分、UK10のバスがやって来ました。降りる所が分からないと不安なので、バスの運転手に「私はゲタリアで降りたい」と念のため報告。するとOKと合図してくれたので運賃をお支払い。サン・セバスティアンからゲタリアまで2.5€ほど、安い！真ん中に蛇腹のようなものがある二連結の長いバスで、客席も広々としてきれい。出発してすぐに海の見える道に入りました。景色を楽しんでいたら、そこからが本番？バスはどんどんスピードを上げ、海岸ロードからカーブの多い山道へ。座って前の椅子のハンドルにつかまっていても体が左右大きく揺れるほどのスピード。ちらりとメーターを見たら、なんと80キロ！まるでジェットコースターに乗っているように体を揺さぶられ、サン・セバスティアンを出て約35分でゲタリアに到着。大仕事を終えたようにヘロヘロでした。

この経路図が貼ってあるバス停なら、約30分間隔でゲタリア行きのバスUK10が停まります。

広々としたきれいな車内。でも安心しちゃダメ、必ず座ること。立っていたら怪我しますよ！

カンタブリア海を眺めながらのバスの旅。ですが、ここからバスが絶叫マシーンに変身します。

意外とシンプルなバレンシアガ美術館の玄関口。ここからうっとりする世界へ入ります。

バスの運賃は乗ったときに支払います。念のため、運転手に行き先を確認しましょう。

この船がゲタリアの玄関口。向かって右側に観光局、その先にバレンシアガ美術館へ行くエスカレーターがあります。

エスカレーターは丘の上に住む住民の大切な足。お年寄りにやさしい街作りをしていますね。

世界で一番おいしいアンチョビはこちら。大きなビンからお土産用の小さいものまであります。

ハイブランドの歴史をたどる
クチュールにうっとり

　ランチにはまだ少し時間があるので、行きたかったバレンシアガ美術館へ。到着したバス停の向かい側にある観光案内所の右に、山へ登るエスカレーターがあります。その中腹にバレンシアガの生家があり、横に美術館が建てられています。バレンシアガは1895年にこのゲタリアで生まれ、1917年にサン・セバスティアンへ店を出し成功を収めますが、スペイン内戦により閉店。その後パリへ向かい、ブランドは発展を遂げました。そんなバレンシアガのクチュールが時代ごとに展示されている、他にはない美術館です。

食べてみて分かった
世界で一番おいしいワケ

　バレンシアガ美術館から道路を挟んで、向かい側の港まで続く道がゲタリアのマヨール通り。食品の小売店や港町らしいボーダーの洋服屋さん、カフェ、バルが建ち並び、昼ごろになると魚介類を焼く、香ばしい匂いが漂います。ここで行きたかったお店が、世界で一番おいしいアンチョビを販売しているという「サラノルト」。街の港に陸揚げされたカンタブリア海の、新鮮な魚介類を手作業で加工している直売店です。アンチョビは色々な大きさがあり、どれもお安い！でも、なにが世界で一番おいしいのか。アンチョビだけを食べてみたところ、塩味がマイルドで臭みはナシ。そして、漬けてあるオリーブオイルがとにかくおいしい！これがカンタブリア海の恵みなんですね、感動です。

サン・セバスティアン同様、ゲタリアの店にもシエスタ（お昼寝）タイムがあるので開いていたら買い物しましょう。

1点ずつ展示されたコレクションは時代を経て、今もその美しさを保っています。

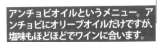

アンチョビオイルというメニュー。アンチョビにオリーブオイルだけですが、塩味もほどほどでワインに合います。

マヨール通りを進み、サン・サルバドール教会の下のトンネルを抜けると港に出ます。

炭火でじっくり焼きます。これがおいしさの秘訣なんですね。それにしても網から魚がはみ出しています。

注文が入ると、そこから調理スタート。処理をして塩をふった魚を魚焼き網に入れます。

ゲタリアの街では炭火焼をするキッチンのようなものがレストランやバルの外に設置されています。

絶対また行きたい、お気に入りのレストラン

　予約の時間がやって来たのでメインイベントである炭火焼レストランへ。今回訪れたのは港にある「カイアカイペ」。ゲタリアといえば「エルカノ」が有名ですが、こちらはエルカノ創業者の甥っ子さんがオーナーの店。どうしてこちらを選んだかというと、カイアカイペは港が見渡せる絶景ポイントにあるからです。予約時に窓際をリクエストすれば最高のひと時を味わえますよ。ここでのお目当てはロダバージョ（イシビラメ）の炭火焼。その前に、ワインを注文しようとワインリストをチェックしたところ、よく分からないのでお店の人に「地元のワインはどれ？」と聞くと教えてくれたのが14€のワイン。バルだとグラス2€ほどだけど、高級店だからグラスワインもそれくらいするのね、と思い「これを2つ下さい」といったら「2ボトル？」と驚くような顔で聞き返されました。なんと14€はグラスではなくボトルの値段だったのです。安い！ここではスタッフオススメのロゼをいただきました。スッキリしていて魚介類に合うさわやかなワインです。前菜、サラダ、スープ、そしてロダバージョとおいしい料理と素晴らしい景色を堪能しました。

焼けたロダバージョをスタッフの方が取り分けてくれます。新鮮で身は引き締まり、塩味も良くて最高においしい！

こちらがゲタリア名物のロダバージョ。レモンとオイルのソースが絶品！この本で再現しています。（P76）

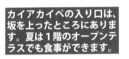

カイアカイペの入り口は、坂を上ったところにあります。夏は1階のオープンテラスでも食事ができます。

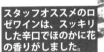

スタッフオススメのロゼワインは、スッキリした辛口でほのかに花の香りがしました。

UK9 で
どローカルな雰囲気を満喫？？

　帰りのバスを待っていたら、UK9 がやって来ました。まあ、これでも帰れるから、と乗ったのが大間違い。行きとは違い、山道を走り、各駅停車なのか学生やおばあちゃんが乗ったり降りたり。でもそのスピードは行きのバスと変わらず爆走キープ！ でもゲタリアからサン・セバスティアンまで1時間かかってしまいました。UK10 の倍の時間！

　みなさん、ゲタリアへの往路は UK10 のバスを利用しましょう。

前菜のツナとビーツ。ツナはしっかりとした歯ごたえで、ビーツは少しだけ酸味のあるローストです。

魚のスープ。濃厚ですが、サラッとしていて飲みやすくあと味もスッキリしています。この本で再現しています。（P68）

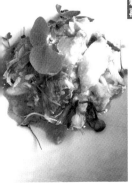

ロブスターのサラダ。ジンジャーソースがさわやかな新感覚のサラダ。この本で再現しています。（P38）

レストランから見える風景。海の恵みをいただきながら望む港は、穏やかで平和な気持ちになります。

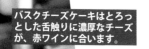
バスクチーズケーキはとろっとした舌触りに濃厚なチーズが、赤ワインに合います。

本場の
バスクチーズケーキはこれ！

日本では名前だけが先走りしているイメージのバスクチーズケーキ。
コンビニやカフェでも人気のスイーツとして展開していますが、
本物のバスクチーズケーキってどんなものか知っていますか？
ここでは本場の、本物のバスクチーズケーキを紹介します。

ラ ヴィーニャでは毎日たくさんのチーズケーキが焼かれています。

チーズケーキを冷ますための棚は、中央に穴が開いています。

バスクチーズケーキは中がトロトロなので、寝かした状態でサーブします。

ラ ヴィーニャは遅い時間になると店に入りきらないほど人が集まります。チーズケーキ以外のおつまみも人気です。

ワインにピッタリ、
とろーり半生食感のチーズケーキ

　チーズケーキは大きく分けると、焼いてあるものと固めるだけのレアなタイプの2種類がありますが、バスクチーズケーキの舌触りはそのどちらとも違います。表面は黒く焦げ色がついているのに中はとろっと半生。口に入れるとチーズの風味がフワッと広がる新感覚のチーズケーキです！

　サン・セバスティアンでバスクチーズケーキといえば、バル街にある人気の老舗「ラ ヴィーニャ」。この店を訪れる人のほぼ全員がチーズケーキを注文します。でもそれはデザートとしてではなく、ワインのお供として。私

もラ ヴィーニャに行くと必ず赤ワインとチーズケーキをいただきます。これが素晴らしいペアリングで飲みのシメにもピッタリ。お土産にもチーズケーキを購入し、翌朝食べる、なんてこともしばしば。

　本物のバスクチーズケーキの作り方はベイクドですが、焼き方、冷まし方に特徴があります。あと、チーズケーキに入れがちな柑橘系、レモンなどの酸味は一切入りません。

　この本では私がサン・セバスティアンで学んだ本場のバスクチーズケーキを作ることができる「失敗しないレシピ」を紹介していますので、ぜひチャレンジしてみてください。

PART 4
甘いもの苦手派も舌鼓！
絶品スイーツ

バスクのバルでは、スイーツがピンチョスと一緒にカウンターに並びます。デザートとして食べる人もいますが、ほとんどの人がワインと一緒に注文。バスクのスイーツはお酒に合うので、甘いものが苦手な人も大丈夫！ここでは人気のバスクチーズケーキから伝統の焼き菓子まで、私が研究を重ねた失敗ナシのレシピを紹介します。

本格的なバスクチーズ
ケーキにチャレンジ！

表面はしっかり焦げ色がついているけど中はとろ〜り半生。
ベイクドやレアとも違う、特別な食感が特徴のバスクチーズケーキ。
ここではバスクで食べて感動したおいしさを再現したく、研究を重ねた
自慢のレシピをコツと一緒に紹介します。

●道具 1
ボウル　大 1、小 1
計量カップ
泡立て器　大 1、小 1
ゴムベラ
オーブンペーパー

失敗しないための下準備
チーズケーキ作りに大切なこと、まずは材料を全て室温に戻します。そうすることで材料が混ざりやすくなります。次に材料を正確に計り、湯煎用の湯を沸かし、オーブンを220℃に温めます。そしてバスクチーズケーキの特徴ともいえる焼き型と、冷まし台を作ります。

●道具 2
焼き型直径 18cm
アルミホイル　適量
ケーキクーラー　1 台

●材料
焼き型直径 18cm1 台分
クリームチーズ　　450g
グラニュー糖　　　150g
卵（溶く）　　　　180g
コーンスターチ　　 13g
生クリーム　　　　250g

バスクチーズケーキ用の焼き型を作る

焼き型の内側に、刷毛などで薄くサラダ油を塗る。これは焼き型に敷いたオーブンペーパーがずれないためにする準備なので、油ならなんでもOK。

焼き型の大きさに合わせてオーブンペーパーを切る。目安は焼き型をオーブンペーパーで覆ったとき、スッポリ包んでしまうくらいの大きさ。

焼き型の中央にオーブンペーパーをおき、中央部分を底に押し当て、周りを側面にくっつける。

はみ出たオーブンペーパーは外側に折り、側面に凹凸がないよう、しっかり押しつける。

冷まし台を作る

ケーキクーラーを一周できるほどの長さのアルミホイルを用意。

ケーキクーラーの真ん中を写真程度に空け、周りだけアルミホイルで包む。

冷まし台を作る理由
バスクチーズケーキは焦げ色がついていても真ん中が半生のようにやわらかいのが特徴です。この食感を作るのには、冷まし方に秘密があります。それは中央部分をより早く冷ます方法。本場のバルでは丸い穴の開いた専用棚を使用していますが、ケーキクーラーでも簡単に作ることができます。

失敗しないコツを教えます

下準備ができたらいよいよ生地作りです。
おいしいバスクチーズケーキを作るコツは、とにかく丁寧によく混ぜること。
材料を加えるごとに混ぜ、最終的には3分間時計回り（反対でもOK）で
泡立てずにゆっくり混ぜることがポイントです。

① クリームチーズを切る

クリームチーズを薄く切る。湯煎にかけたとき、全体に熱が早く伝わり、均等にやわらかくするために必要なステップ。

② 湯煎にかけてやわらかく

ボウル（大）に入れて60〜70℃の湯煎にかけ、やわらかくする。熱すぎるとチーズが焼けてしまうので注意。

③ クリーム状になるまで練る

湯煎から外してゴムベラで練る。全体がやわらかくクリーム状になるまでよく練る。硬い場合は再度湯煎にかける。

⑦ 卵を3回に分けて加える

よく溶いた卵を全体の1/3ほど入れてよく混ぜ、全体を馴染ませる。残りの卵を2回に分けて加え、そのつどよく混ぜる。

⑧ よく混ぜる

クリームチーズと卵の分離したところがないように、よく混ぜる。

⑨ コーンスターチと生クリームを合わせる

小さめのボウルにコーンスターチを入れ、そこへ生クリームを少し加えてよく混ぜる。

⑬ ゆっくり3分間混ぜる

ゆっくり丁寧に3分間混ぜる。硬くなり混ぜにくくなったら再度湯煎にかけ、なめらかになるように混ぜる。余計な空気が生地に入ると焼き縮みが激しくなるので泡立てないことが重要。

⑭ ダマ感がないか確認する

3分間混ぜたら、泡立て器を持ち上げて滑らかになったかを確認。ダマ感が残っていたらもう1分ほど混ぜ、ダマ感をなくす。

⑮ 焼き型に流し入れる

焼き型に敷いてあるオーブンペーパーの底、中央あたりに落ちるように、少し高めの位置から生地を流し入れる。

泡立て器でよく混ぜる

クリームチーズがクリーム状になったらゴムベラを泡立て器(大)に持ち替え、さらになめらかになるまでよく混ぜる。

グラニュー糖を3回加える

クリームチーズの入ったボウルに、グラニュー糖を3回に分けて加える。そのつどよく混ぜ合わせる。

よく混ぜる

グラニュー糖が全部入ったら、ザラザラ感がなくなるまでよく混ぜる。

よく混ぜる

残りの生クリームを全て入れ、ダマがなくなるまでよく混ぜる。

生クリームを半分加える

クリームチーズの入ったボウルにコーンスターチと生クリームを合わせたものの半分を加えて混ぜる。

残りの生クリームも加える

よく混ざったら、残りのコーンスターチと生クリームを合わせたものを全て加える。

オーブンに入れて焼く

220℃に温めたオーブンに入れて30～35分焼く。オーブンによって温度の誤差やクセがあるので、最初は短めの焼き時間でこまめにチェックする。焼き上がりの状態は、動かすと揺れるくらいのやわらかさでOK。

焼き上がり！

焼き上がったら型のまま、冷まし台の上に置いて粗熱を取る。手で触れる温度になったらオーブンペーパーのはみ出した部分をそっと持ち上げて型から外し、再度冷まし台の上に置く。5時間ほど放置し、冷蔵庫で保存する。食べる10～30分ほど前（季節による）に冷蔵庫から出して室温に戻せば、より半生感が楽しめる。

アップルカスタードパイ

リンゴ農園が多いバスクでは、シードル（リンゴのお酒）以外にも
リンゴを使った料理がたくさんありますが、
中でもお気に入りなのがこのパイ。
甘いカスタードクリームと焼いたリンゴの酸味がサクサクのパイとベストマッチ。
食べるときは少し温めて、冷たいアイスを添えれば極上のデザートに。
シナモンの香りも、より一層おいしさを引き立てます。

✳ 材料 18cm のパイ皿

カスタードクリーム

牛乳	200ml
グラニュー糖	50g
卵黄	2個
牛乳	大さじ2
コーンスターチ	20g
バニラエッセンス	少々

生地

冷凍パイシート	2枚
リンゴ（皮付きのまま薄切り）	1個
アンズジャム	大さじ2
水	大さじ1

トッピング

バニラアイス	適量
シナモン	少々
ミント	少々

※下準備
焼き型にバター（分量外）を塗る。オーブンを200℃に温める。

✳ 作り方

1. カスタードクリームを作る。鍋に牛乳 200ml とグラニュー糖を入れて中火にかけ、グラニュー糖が溶けたら火から下ろして冷ます。

2. ボウルに卵黄、牛乳大さじ 2、コーンスターチを入れて泡立て器でよく混ぜ合わせる。

3. 2 に 1 を少しずつ入れながら混ぜ、こし器で裏ごししながら鍋に戻し、再度中火にかけて混ぜる。とろみが出てきたら弱火にし、2 分ほど煮て火から下ろしてバニラエッセンスを加える。ボウルなどに移し、ラップをカスタードクリームの表面にピッタリと貼り付け、粗熱が取れるまで冷ます。

4. 生地を作る。焼き型に冷凍パイシートを敷き詰め、3 のカスタードクリームを全体に流し、上にリンゴを並べ、200℃に温めたオーブンで 25 〜 30 分焼く。

5. ボウルにアンズジャムと水を入れてよく混ぜる。

6. パイが焼けたら取り出して冷ます。粗熱が取れたら、表面に 5 を塗る。

7. パイを切り分けて皿に盛り、バニラアイスを添え、シナモンをふり、ミントを飾る。

GATEAU BASQUE
ガトーバスク

バスクの伝統菓子であるガトーバスクは、
バターとアーモンドの香りが漂う生地に、
カスタードクリームやコンフィチュールが入ったシンプルな焼き菓子。
大きさは 20cm 以上のホールから、ひと口サイズと豊富です。
ここでは直径 10cm の型を使い、
バスクの定番カスタードクリーム入りを紹介します。

✳ 材料（直径 10cm の焼き型 4 個分）

カスタードクリーム

牛乳	200ml
グラニュー糖	50g
卵黄	2 個分
牛乳	大さじ 2
コーンスターチ	20g
バニラエッセンス	少々

生地

無塩バター	100g
粉砂糖	80g
塩	2g
卵（溶く）	50g
アーモンドパウダー	50g
薄力粉	150g

卵液（全卵1/2に水大さじ1を入れて混ぜる）

※下準備
バターを室温でやわらかくする。アーモンドパウダーと薄力粉は合わせてふるう。焼き型にバター（分量外）を塗る。オーブンを170℃に温める。

✳ 作り方

1. カスタードクリームを作る。鍋に牛乳 200ml とグラニュー糖を入れて中火にかけ、グラニュー糖が溶けたら火から下ろして冷ます。

2. ボウルに卵黄、牛乳大さじ 2、コーンスターチを入れて泡だて器でよく混ぜ合わせる。

3. 2 に 1 を少しずつ入れながら混ぜ、こし器で裏ごししながら鍋に戻し、再度中火にかけて、混ぜる。とろみが出てきたら弱火にし、2 分ほど煮て火から下ろし、バニラエッセンスを加える。ボウルなどに移し、ラップをカスタードクリームの表面にピッタリと貼り付け、粗熱が取れるまで冷ます。

4. 生地を作る。ボウルに無塩バターと粉砂糖、塩を入れて泡だて器でよく混ぜ合わせる。さらに卵を加えながらよく混ぜる。

5. アーモンドパウダーと薄力粉を合わせたものを 4 に加え、ゴムベラに持ち替えて混ぜ合わせる。粉っぽさがなくなり全体がまとまったらラップに包み、冷蔵庫に 1 時間置く。

6. 生地を取り出し、めん棒などで 5mm ほどの厚さに伸ばし、バターを塗った焼き型に敷き、余分な生地は切り落とす。

7. 6 の焼き型に入った生地の中央に 3 のカスタードクリームを入れ、上に伸ばした生地を被せ、余分な生地を切り落して形をととのえる。同じ手順であと 3 個作る。

8. フォークで表面に模様をつけ、卵液を全体に塗る。170℃に温めたオーブンで 40 〜 50 分焼く。

フランスバスクに
日帰り旅行

ショコラ・カズナーヴのレトロ
なパッケージのチョコレート。
色々なフレーバーがあります。

バスクはフランスとスペインにまたがるようにある地域で
フランスバスク、スペインバスクという呼び方をします。
バル文化はスペインバスクですが、
フランスバスクはチョコレートやマカロンの発祥の店などがあり、
スイーツ好きにはたまりません！ 街並みも素敵です。

マルシェは市民の台所。活気
があり、食材は新鮮で安い！
色々買いたくなってしまいます。

　私がフランスバスクで好きな場所は「サン・ジャン・ド・リュズ」と「バイヨンヌ」です。どちらもサン・セバスティアンからバスか電車で行くことができ、日帰りの旅行も可能。ただし、どちらも1日に限られた本数しか運行していないので帰りのチケットを予約することをオススメします。

サン・ジャン・ド・リュズの街並みは、白い壁に赤い窓枠がかわいく、街の中心にはフランスのルイ14世とスペイン王女マリー・テレーズの結婚式が行われた歴史ある教会があります。午前中にはマルシェも開催されているので、フランスの食材を買いに来るのには最適。バスク生まれの靴エスパドリーユの専

伝統の焼き菓子ガトーバスクはサイズも色々ありますが、中のアンもさまざま。私はカスタードが一番好きです。

バスクのマカロンはパリ風のカラフルなものとは違い、シンプルな焼き菓子といった感じ。

フランスバスクはバルではなくレストラン。リバーサイドでのんびり、おいしい一皿をいただきます。

フワフワの泡が特徴のショコラ・ムスー。ツウはこれにトーストを追加注文して、つけて食べます。

サン・ジャン・ド・リュズのメインストリートレオン・ガンベッタ通り。かわいいお店がたくさんあります。

本格ショコラショー（ホットチョコレート）を作る

＊材料　1人分

牛乳	150ml
水	大さじ2
クーベルチュールチョコレート	30g
砂糖	小さじ1
付け合わせ	
ホイップクリーム	適量

＊作り方

1. 鍋に全ての材料を入れて弱火にかける。
2. 泡立て器でゆっくり混ぜながらチョコレートを溶かす。チョコレートが溶けたら、泡立て器を素早く動かし、液体を乳化させる。
3. カップに注ぎ、ホイップクリームを添える。

門店のほか、マカロンやガトーバスクなどの焼き菓子の店が多いのも特徴。

バイヨンヌはフランス最古のチョコレート作りの街として有名です。現在もたくさんのチョコレート屋さんがあり、好みのチョコレートを探すのも楽しいですよ。中でも老舗のショコラティエ「ショコラ・カズナーヴ」のショコラ・ムスーは格別！ショコラショーにフワフワの泡がのっていて、ホイップクリームをつけながら飲みます。店内には色々な種類のチョコレートも販売されているので、レトロなパッケージなどはお土産にも喜ばれる逸品です。

おうちバルを
ワンランクアップさせる、
スペインの食材

この本で紹介しているレシピのほとんどは、
身近なスーパーなどで手に入る食材で作ることができますが、
スペインの食材があればワンランクアップした料理を作ることができます。
そこで、日本でも手に入る「あの食材」を紹介します。

オリーブの実
マンサニージャ　ビン
160g

塩水とハーブだけで漬け込んだ無添加の種付マンサニージャ。グリーンオリーブともいわれるマンサニージャは大粒で実が柔らかく、サラダなどにもよく合います。

ホームメイド・
メンブリージョ　350g

スペインではチーズと一緒に食べるのがポピュラーなジャムの一種。マルメロ（西洋かりん）の実で作った、着色料などの食品添加物は一切不使用の自然食品です。

アーティチョーク水煮　ビン
700g

たっぷりと入ったアーティチョークの水煮。サラダやフライなど様々な料理に使えます。スペイン料理の定番・アヒージョで手軽にお洒落にどうぞ。

青唐辛子酢漬け
（ギンディージャ）ビン
145g

元祖ピンチョスのヒルダはこのギンディージャで作ります。青唐辛子といっても辛みはほとんどなく、強い酸味なのでお口直しにもピッタリです。

ハモン・イベリコ・
ベジョータ スライス
100g

イベリコ豚の肉と塩のみで造り上げられた、100％無添加の生ハム。凝縮された脂身は、噛めば噛むほどうまみを感じられます。

カットチーズ
マンチェゴ　200g

ラ・マンチャ地方で作られた羊のセミハードチーズ。スペインではもっともポピュラーで、甘さと香りが程よく、舌を刺激する辛みと塩味が特徴的です。

オリーブオイル
オレアウルム 250ml

1994/1995年のノーベル賞授賞式晩餐会にも供された、世界で品質No.1といわれるアルベキーナの完熟オリーブのみを搾ってできた高級オリーブオイル。

赤ピーマン
（ピキージョ）ビン 290g

バスクのおつまみには欠かせないピキージョ。ピンチョスなどの冷たい料理はもちろん、詰め物をしたオーブン焼きなどの料理にも最適。

ナバラ産
アスパラガス水煮
缶詰箱付 230g

ナバラで獲れたアスパラガスは白く、やわらかい歯触りで、ほろほろと口の中で溶けてしまう程の繊維質。そのままサラダにしてもおいしい缶詰です。

スペイン食材を使った簡単レシピ！

ホワイトアスパラのサラダ

✳ 材料 1人分

ナバラ産アスパラガス水煮	6本
アンチョビのオリーブオイル漬け（フィレ）	1枚
赤ピーマン（ピキージョ）	1枚
塩	少々
オリーブオイル	大さじ2
パプリカパウダー	少々
イタリアンパセリ	少々

✳ 作り方

1. アスパラガスを半分に切って皿にのせる。
2. アンチョビをちぎり、1のアスパラにちらす。
3. 赤ピーマンを千切りにして上に置く。
4. 塩をふり、オリーブオイルを回しかけ、パプリカパウダーをふり、イタリアンパセリを飾る。

この本で紹介しているワインもここで買えます！

スペインクラブ・
グルメテリア・イ・ボデガ（銀座）

スペイン直輸入の300種類以上のワインをはじめ、イベリコ豚の生ハム、チーズ、オリーブ、野菜や魚介類のビン・缶詰などの食材が満載。また、マドリッドの街角にあるようなカジュアルに楽しめる併設のバルでは、ピンチョスやワインの他にもスペインの伝統的な料理が楽しめます。

お店には行けない場合はオンラインでも購入できます。
スペインクラブ・オンラインショップ
http://shop.spainclub.jp/

この本で料理に合うワインを教えてくれた人

清水和洋さん
日本ソムリエ協会認定
ワインアドバイザー
スペインクラブ・
グルメテリア（銀座）店長
スペイン各地から集めたワインやグルメ食材の案内、スペインワイン文化講座を行う。さらにスペインから生産者を招いてのトークイベントなど、お客様により深くスペインを楽しんでいただくためのコーディネイターとして活躍。

東京都中央区銀座7-12-14 大栄会館1F
https://spain-ginza.com/
ショップ：11:00 ～ 23:00（平日）11:30 ～ 22:00（土日祝）
バル：11:30 ～ 23:00（平日）11:30 ～ 22:00（土日祝）
TEL.03-6228-5356
東京メトロ「銀座駅」A3出口徒歩5分、各線
「東銀座駅」A1出口徒歩5分、都営大江戸線
「築地市場駅」A3出口徒歩5分

藤沢セリカ

ハワイ・アイランド料理研究家、
アンチエイジングアドバイザー、ハーブコーディネイター。
30年以上にわたるハワイキャリアのなかでハワイ料理、
パンケーキをはじめとしたアメリカンスイーツの研究を深
める。その一方でパティシエ、フレンチのシェフたちの
下で経験を積み、バリ島やタイ、カリフォルニアなど世
界のさまざまなレストランでも修業を積む。
ビジュアル映えするトレンド感ある家庭料理やスイーツ
を得意とし、雑誌や書籍、ケータリング等で活躍中。
初心者でも失敗なく作れる丁寧なレシピに定評があ
る。ALOHA DELI、SouthPoint 主宰。
共著に『ハーブとスパイスの図鑑』（マイナビ出版）
著書に『The ハワイアンスイーツ&デリ』『The ハワイアンパンケーキレシピ』
『The エッグベネディクト&フレンチトーストレシピ』（河出書房新社）などがある。

バスクのおいしいバルレシピ　　おうちで簡単に作れる料理とデザート

2020 年 4 月 30 日　初版第 1 刷発行

著者　　藤沢セリカ

発行者　滝口直樹

発行所　株式会社マイナビ出版

　　　　〒 101-0003
　　　　東京都千代田区一ツ橋 2-6-3
　　　　一ツ橋ビル 2F

　　　　TEL：0480-38-6872
　　　　（注文専用ダイヤル）
　　　　TEL：03-3556-2731（販売部）
　　　　TEL：03-3556-2735（編集部）
　　　　E-mail：pc-books@mynavi.jp
　　　　URL：https://book.mynavi.jp

STAFF

◆ 撮影
　大木慎太郎

◆ デザイン
　56 HOPE ROAD STUDIO

◆ スタイリング
　SouthPoint

◆ フラワーコーディネイト
　福島康代

◆ イラストレーター
　アライヨウコ

◆ バスクコーディネイター
　山口純子

◆ 印刷・製本
　株式会社大丸グラフィックス

◆ 校正
　株式会社鷗来堂

◆ 企画・編集
　成田すず江（株式会社テンカウント）

◆ 編集
　伏嶋夏希（株式会社マイナビ出版）

◆ 撮影協力
　福島啓二
　Floral_Atelier
　UTUWA
　スペイン政府観光局